할 말은 하면서 무시당하지 않는 기술

할 말은 하면서
무시당하지 않는 기술

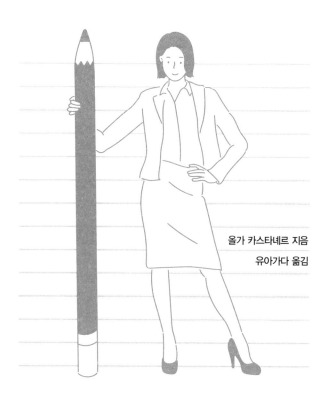

올가 카스타녜르 지음

유아가다 옮김

행성B

차례

•
•
•

1장 앞뒤 재다 보면 **오늘도 말 못한다**

2장 나에겐 말할 **권리가 있다**

3장 그때 왜 나는 그 말을 못했을까

4장 할 말은 하면서 무시당하지 않는 기술

•

자기주장? 많이 들어 본 말인데…. 이런 생각을 할 분이 많을 것이다. 그런데 그 말 대신 '대인 관계 기술'이라는 말을 쓰면, '아, 무슨 말 하려는지 알겠다'며 무릎을 칠 것이다. 더 나아가 '할 말은 하면서 무시당하지 않는 기술'이라고 하면 더 선명해질 것이다.

이 책은 여러분이 생각하는 그것들에 대해 말하고 있지만 그게 전부는 아니다. 흔히 말하는 '대인 관계 기술' 문제는 자기주장이라는 말과 함께 여기저기서 많이 쓰이고 있다. 특히 기업에서는 하나의 유행이 되었다고 해도 과언이 아니다. 얼핏 보면 갑자기 모든 사람이 자신의 대인 관계 기술이 부족하다는 사실을 깨닫고 그것을 향상시키고 싶어 하는 것처럼 보인다. 심지어 대인 관계 기술을 최대한 향상시키지 않으면 제품을 제대로 팔지 못하거나 직장에서 성공하지 못할 거라고 염려하는 듯하다.

'자기주장'은 그 자체로 위험성을 내포한 개념이다. 자기주장 훈련 과정을 한번이라도 경험해 보았거나 이런 주제에 관한 책을 읽어 본 사람이라면 이 말만 들어도 들뜰지 모르겠다. 어떤 경우에도 상대방에게 억눌리지 않고 항상 관계에서 '이기는' 법을 배우게 되리라 기대해서다.

단도직입적으로 말하겠다. 이 책에서 다루는 자기주장은 다르다. 여기서의 자기주장은 이기는 것을 최종 목표로 하는 것이 아니라 자신과 더 나아가 타인을 존중하고 사랑하는 자존감에 더 가까운 개념이기 때문이다.

모든 관계에서 항상 승자가 되거나 어떤 경우에도 상대방보다 우위에 있게 하는 열쇠를 찾는 독자라면, 이 책을 덮길 바란다. 몇 페이지도 못 넘기고 실망할 테니까. 최고가 되기 위한 꼼수 따위는 여기에 없다.

그러나 자신과 상대방을 더 깊이 존중하고 관계를 향상시켜 궁극적으로 자존감을 높이고 싶은 독자라면 번지수를 잘 찾아 왔다. 이 책은 당신이 자존감을 회복할 수 있도록 최선을 다해 도울 것이다.

이 책에는 혼자 또는 짝이나 그룹을 지어 해 볼 수 있는 훈련

방법들이 담겨 있다. 각자 직면한 문제에 따라 알맞은 훈련법을 골라 실행해 볼 것을 권한다. 적극적으로 책을 읽다 보면 분명히 더 풍성한 결실을 얻을 수 있을 것이다.

이 책 독자가 궁금한 이들도 있으리라. 이 책은 정확히 누구를 위한 거지? 심리학자, 상담사 아니면 이 주제에 대해 더 알고 싶어 하는 평범한 사람들? 대답은 간명하다. 이 책은 모두를 위한 것이다. 전문서가 아니다. 나는 인간관계에 대해 좀 더 진지하게 알고 싶어 하는 모든 사람을 위해 나의 상담 경험을 토대로 이 책을 썼다. 자기주장을 펼치는 데 어려움을 겪고 있는 이들에게 이 책이 조금이나마 도움이 되기를 빈다.

위대한 시인 타고르의 시를 인용하면서 서문을 마치겠다.

당신에게 가장 진지한 말을 하고 싶었는데, 혹시라도 당신이 웃을까 봐 용기가 안 나요. 그래서 나 자신을 비웃고 농담 속에 내 비밀을 가볍게 녹여 버려요. 그래요, 나는 내 고통을 비웃어요, 당신이 내 고통을 비웃지 않게요.

당신에게 가장 진실된 말을 하고 싶었는데, 혹시라도 당신이 믿지 않을까 봐 용기가 안 나요. 그래서 내 진실을 거짓말로 포장하고 원래 내가 하고 싶은 말과 반대로 말해요. 그래요, 나는 내 고통을 어이없는 것으로 만들어요, 당신이 내 고통을 우스꽝스럽게 만들지 않게요.

당신에게, 당신을 위해 내 마음 깊숙한 곳에 간직한 가장 멋진 말을 하고 싶었는데, 혹시라도 당신이 똑같이 내게 멋진 말로 보답하지 않을까 봐 용기가 안 나요. 그래서 당신에게 혹독하게 말하고 괜한 객기로 허세를 부려요. 그래요, 나는 당신을 거칠게 다뤄요. 당신이 내 고통을 이해하지 못할까 봐 두려워서요. …

프롤로그

말 한마디 하는데도
생각이 너무 많은 당신에게

나는 일하다 때때로 잠시 숨을 돌린다. 서류 더미, 진료 기록, 참고 문헌이 수북이 쌓여 있는 책상에 몸을 기댄 채 상담실을 둘러본다. 몇 년 전부터 온갖 종류의 문제를 안고 상담실을 찾아온 사람들을 맞이했던 나만의 공간이다. 상담실 한가운데 놓인 낡은 검은색 소파가 지금까지 견뎌 낸 무게는 얼마나 될까? 그 의자는 내담자들의 즉흥적인 역할연기법role playing*에서 때로는 기차역 벤치로, 때로는 긴장감을 풀어 주기 위한 매트리스로, 때로는 원래 기능인 의자 등으로 여러 역할을 맡아 왔다. 또 이 말 없는 벽이

● 환자가 일련의 규칙을 준수하면서 문제를 일으키는 상황을 연극을 통해 표현하는 방법.

지금까지 묵묵히 들은 사연은 얼마나 많을까?

이 일을 하다 보면 삶의 여러 얼굴을 보게 된다. 밖에서는 화려한 여성 사업가, 성공한 전문가, 재치 넘치는 주부, 세상 걱정 따위는 하나도 없을 듯이 재미있게 사는 학생이지만 여기 상담실에서는 그들 내부에 숨겨져 있던 다른 얼굴들이 드러난다. 그 학생은 실은 수줍음이 많고 또래 집단에서는 따돌림을 당하는, 거부당하고 사랑받지 못한 외로운 사람이었을지 모른다.

지난 수년 동안 많은 사람을 상담하면서 나는 해답을 찾기 어려운 일련의 문제와 대면해야 했다. 그것들은 인간의 본성을 이해하기 위해서 매우 중요한 질문이었다. 예를 들면 부모님이 자녀들의 인생에 얼마나 큰 영향력을 미치는지(어떻게 마흔이나 된 성인 남자가 늙고 몸이 불편한 아버지가 무서워 벌벌 떨 수 있는 걸까? 어떻게 저렇게 아름답고 똑똑한 소녀가 어머니에 대한 죄책감 때문에 우울하게 살 수 있을까?), 종교 그리고 도덕성 같은 것들은 또한 어떤 영향을 끼치는지 등이었다. 그것들은 한 개인에게 죄책감과 나쁜 사람이라는 주홍글씨를 새김으로써 그의 내적 세계를 무너뜨리곤 한다.

그런 질문들 때문에 머릿속을 맴돌게 된 개념이 바로 존중이다. 어떤 종류의 사람이 타인에게 존중받는 걸까? 왜 어떤 사람들은 천성적으로 타인에게 존중받을까? 누구도 그를 놀리지 않고, 그에게 목소리를 높일 엄두를 내지 않는다. 반면 어떤 사람들은 타인들에게 무시당하고 굴욕당하면서 종종 놀림거리와 경멸의 대상이 된다.

내성적인 사람, 대인 관계 기술이 부족하거나 서툰 사람, 고독한 사람들은 매번 같은 문제를 안고 온다. 그들은 모두 타인에게 존중받지 못한다고 느낀다. 다른 사람들이 자신을 무시하고 싫어하고 따돌린다고 말한다. 왜일까? 못생기고, 키가 작고, 약하고, 그저 그런 사람들이어서일까? 신체적으로 결함이 있어 남들보다 열등해서일까? 아니다, 전혀 그렇지 않다.

그렇다면 상대방에게 대응하고 방어하는 방식이 모든 차이를 만드는 것일까? 이 질문에도 마찬가지로 항상 그런 것은 아니라고 말하고 싶다.

보통 자신감이 없는 사람들에게 문제가 발생할 확률이 높다. 그렇다면 자신감이 대인 관계 기술의 핵심 요소라고 말할 수 있을까? 그렇게 볼 수도 있다. 그러나 곰곰이 생각해 보면, 그것 또한 절대적인 요소라고 할 수는 없다. 여러분도 알다시피 세상은 자신감이 없는 사람들로 가득 차 있으니까. 모르긴 몰라도 설문조사를 하면 90퍼센트 정도의 사람들은 살면서 한번쯤은 자신감이 없었던 순간을 경험했을 것이다.

어떤 사람은 특정 상황에서 무슨 말을 해야 할지 몰라 두려워하고, 어떤 사람은 사교 모임에 참석하는 것을 불편해하며 견디기 힘들어한다. 또 어떤 사람은 대중 앞에서 말하길 꺼린다. 그렇다. 특정 순간에 자신감이 없었던 사람 모두가 타인에게 조직적으로 무시당한 것은 아니다. 오히려 많은 이에게 존경받는 사람, 겉보기에 타인을 무시하는 사람까지도 내적으로 심각하게 불안하거나 자신감이 없는 경우를 보았다. 따라서 자신감이 있느냐 없느냐에 따라 상대방에게 존중받는지 아닌지가 결정되지는 않는다.

아이들을 관찰해 봐라. 아이들에게는 어른이 습득한 사회 규범들이 아직 내면화돼 있지 않기 때문에 좀 더 명확하게 인간 내부에 존재하는 애정이나 잔인성을 엿볼 수 있다. 한 무리의 아이들을 살펴보거나 유년 시절을 추억해 보면 '우리 반 찐따'라는 존재가 떠오를 것이다. 항상 실수투성이에 종종 놀림거리가 됐던 그 아이 말이다. 그 아이는 뚱뚱했거나, 알이 두툼한 안경을 끼고 있었다. 그런데 뚱뚱하고 안경을 썼는데도 불구하고 전혀 그런 말을 듣지 않았던 친구도 기억날 것이다. 친구들에게 놀림을 받거나 무시당한 그 아이들, 이제 어른이 된 그 아이들이 바로 내 상담실 문을 자주 두드리는 주인공들이다.

그들은 자기만의 관심사와 두려움, 우정을 가지고 있는 평범한 사람들이다. 일정 수준의 지성과 지능을 겸비하고 있다. 다만 좀 더 많이 고통받았으며 타인에게 존중받지 못하고 있는 것을 괴로워하고 있을 뿐이다.

잠시 우리 일상을 떠올려 보자. 우리는 친밀도가 저마다 다른 타인과 끊임없이 교류하면서 살고 있다. 일부 관계는 만족스럽고 일부는 그렇지 않다. 함께 있으면 자신감을 떨어뜨리거나 별다른 이유 없이 불쾌감을 느끼게 하는 사람도 있다.

여기서 잠깐 책 읽기를 멈추고 생각해 보자. 살면서 어떤 상황이 당신을 자신 없게 했는가? 함께 있으면 기분이 나빠지거나 무시당한 느낌이 들거나 고독하게 만드는 사람이 주변에 있는가? 이 책을 읽는 동안 리스트를 작성해 보자. 처음에는 기억나지 않았던 많은 상황이 분명 떠오를 것이다.

　보통 좌절감을 느끼거나, 화가 나거나, 과소평가를 받거나, 무시당할 때 기분이 나빠진다. 우리는 그 원인을 타인이나 상황에서 찾으려 한다. 하지만 실제 우리는 마땅히 받아야 할 대접을 못받았거나 자신의 진가를 제대로 보여 줄 수 없는 무기력한 상황에서 불편한 감정을 느낀다. 즉, 존중받지 못해서 기분이 나빠지는 것이다.

　정도의 차이는 있겠지만 누구나 살면서 특정 순간에 소심해진 적이 있을 것이다. 그리고 앞서 말했듯이 제아무리 자신감에 넘치는 사람일지라도, 문득 자신이 초라해지는 순간을 한두 번쯤은 경험했을 것이다.

　어떤 사람들(소셜포비아나 대인 관계를 극도로 두려워하는 사람들)은 소심한 성격이 자신의 삶에 광범위하게 영향을 미친다고 생각한다. 반면 어떤 사람들은 특정 순간에만 소심해질 뿐이라고 여긴다. 임상심리학자를 찾아오는 사람과 그렇지 않은 사람의 차이는 일상생활에서 느끼는 불안감과 불편함의 정도에 있을 듯싶다. 그러나 어떻게 보면 우리는 모두 잠재적인 환자라고 볼 수 있다. 누구나 자신의 삶에서 당당히 직면할 수 없는 부분이 적어도 하나는 있기 때문이다.

어쨌든 존중과 낮은 자존감에 대한 미스터리는 여전히 풀리지 않는다. 지금까지 살펴본 바에 따르면 외모나, 대응 능력, 자신감이 한 개인이 존중받거나 존중받지 못하는 데 결정적인 요소로 작용하지 않는다.

그렇다면 상대방과의 관계 맺기에서 어떤 사람은 존중받고, 어떤 사람은 무시당하고, 어떤 사람은 편안해하고, 어떤 사람은 불편해하는, 정확히 이름을 붙여 말할 수 없는 그것은 도대체 무엇일까?

한참 생각을 해 봐도 답이 하나는 아닌 것 같다. 물론 한마디로 요약은 할 수 있겠지만.

한 사람이 존중받기 위해서는 앞에서 언급한 다양한 요소가 필요하다. 일단 자신에 대한 자신감이 있어야 하고 동시에 자기 인정 능력이 있어야 하며 타인에게 정확하게 반응할 줄도 알아야 한다. 사회적으로 서툴지 않으려면.

이 모든 것을 한 단어로 표현할 수 있는데, 바로 자기주장이다.

요약하자면, 다음과 같다.

> 대인 관계 만족도는 그 관계에서 얼마나 자신의 가치를 인정받고 존중받느냐에 달렸다. 즉 타인에게 정확하게 대응하는 일련의 능력과 신념 또는 자기 자신에 만족하는 심리 구조를 내가 가지고 있느냐 아니냐에 좌우된다.

만약 이 말이 의심스럽다면 다음을 상상해 보자. 두 사람이 파티에서 만났다. 한 사람이 먼저 말한다. "그렇지 않아도 널 만나고 싶었는데. 너, 내가 게으르고 약속도 지키지 않는다고 여기저기 떠들고 다닌다며?"

그 말이 사실인지 거짓인지는 아직 모르지만, 어쨌든 그런 말을 듣는 상대방은 당황스럽다. 혹시 질문한 사람이 누구냐에 따라서 힘든 것도 달라질까? 아니다. 자기 자신과 능력을 확신하는 사람이라면 그 질문을 누가 하든 상관없이 여유만만하게 이렇게 대답할 것이다. "무슨 소리야? 네가 잘못 알고 있어." 또는 "맞아, 내가 왜 그런 말을 했는지 이유를 말해 주지." 그리고 이런 상황에 큰 의미를 두지 않을 것이다.

반면에 자기 자신과 능력에 확신이 없는 사람은 이렇게 대답할 것이다. "아니야, 정말 아니라고, 난 안 그랬어." 또는 "무슨 소리야… 비슷한 말을 했던 거 같긴 한데, 그건…." 이런 상황보다 더 최악은 이 문제로 밤새 기분이 나쁠 거라는 사실이다.

자신감이라는 능력을 갖추고 있는 사람들은 자기주장을 잘 펼칠 수 있다. 하지만 타인과 관계를 맺는 방식에 문제가 있는 사람들은 자기주장에 서툰 경우가 많다. 자기주장이 부족한 사람은 크게 두 가지다. 곧잘 자신이 무시당하고 존중받지 못한다고 느끼는 수줍은 사람들이 한 부류고, 또 한 부류는 이들의 반대편에 있다. 이들은 공격적이며 상대방을 무시하고 상대방이 무엇을 필요로 하는지 상관하지 않는다.

둘 다 모두 관계 맺기에 서툰, 즉 자기주장이 모자란 사람들이다. 다만 상반된 특징 탓에 치료하기 위한 접근 방법이 다를 뿐이다.

자, 이제 이 책의 주제인 자기주장이란 말이 수면으로 떠올랐으니, 여러분에게 한 가지 주의할 것을 당부해야겠다. 이미 자기주장이라는 말을 들어 봤거나 이 분야에 대한 책을 읽어 본 사람도 있을 것이다. 그 책들은 어쩌면 지나치게 '미국적'이었을지 모른다. 즉 그 책만 읽으면 모든 문제에서 벗어나 인생의 승리자, 성공한 직장인으로 거듭날 수 있다는 속삭임을 들었을지도 모른다는 말이다.

그러나 나의 자기주장 개념은 그런 책들과 다르다. 좀 더 겸손하고, 현실적인 개념일 수 있다. 내가 생각하는 자기주장은 누구 위에 군림하거나 누구 아래 열등하게 서 있지 않은 동등한 관계를 맺는 자존감이다.

자신을 소중히 여기고 존중하는, 지존감 높은 사람만이 특정 분야에서 자신보다 뛰어난 사람을 기꺼이 인정하고, 어떤 종류의 열등감이나 우월감 없이 타인을 동등하게 대하며 관계를 맺을 수 있다. 반면 자기주장이 없는 사람은 내성적이든 공격적이든 타인에게서 가치를 인정받고 싶어 하므로 자존감이 높을 수 없다.

1

앞뒤 재다 보면
오늘도 말 못한다

할 말은
좀 하고 삽시다

자기주장이란 정확히 무슨 말일까? 정의가 다양한데, 그중 가장 고전적인 정의는 이렇다.

> 자기주장은 타인에게 조정당하거나 타인을 조정하지도 않으면서
> 자기 고유 권리를 당당하게 내세울 수 있는 능력이다.

꽤 괜찮은 정의다. 뒤로 갈수록 의미가 더 선명해질 것이다. 하지만 심리학 책을 처음 접한 독자라면 여전히 자기주장이란 말이 뭔지 아리송하리라. 그들을 위해 내 상담실을 찾아온 몇몇 사람의 이야기를 들려주려고 한다.

여기서 한 가지 분명히 해 두고 싶은 것은 나를 찾아온 사람들의 고민거리가 항상 자기주장이나 대인 관계 기술에 관한 것은 아니라는 점이다. 아주 절박한 경우를 제외하고는 불안감, 수줍음 또는 죄책감 같은 흔한 문제로 고민했다.

후아나

나를 찾아왔을 때, 후아나는 비서 업무를 하던 서른여섯 살 여성이었다. 남편과는 별거 중이었다.
다각도로 상담하면서 그녀의 상태를 분석했다.

분석 1

일단 그녀는 '정체성의 위기'를 겪고 있다며 울었다. 두 남자와 동시에 관계를 맺으면서 자기 삶에 대해 많은 것을 생각하게 되었고 어떤 결론에 이르렀다고 말했다. 그 결론은 자신이 무엇을 원했었는지, 누구를 좋아하고 있는지, 앞으로 애정 관계가 어떻게 발전할지 전혀 모른다는 것이었다.
그녀는 자신을 집착이 강하고 사소한 일에 얽매이는 사람이라고 정의했다. 자신에게 일어나는 크고 작은 모든 일에 쓸데없이 신경 쓴다고 덧붙여 말했다.

분석 2

상담이 진행되면서 차츰 두 남자는 뒤로 밀려나고, 다른 사람들이 등장했다. 동료, 친구들과의 관계 등 거의 모든 관계에서 문제가 있었다는 점이 드러났다.

그녀는 자신이 착취당한다고 느끼고 있었다. 다른 모든 사람이 그녀를 이용한다고 생각했다. 또 사람들이 자기를 나쁘게 생각한다고 믿고 있었다.

그 근거는 어떤 일을 할 때 자신이 주변 사람들보다 더 많은 에너지를 쏟아 추진한다는 것이었다. 후아나는 자신이 앞장서서 주도권을 잡지 않으면 일이 제대로 돌아가지 않는다고 불평했다.

분석 3

나는 자기보고self-report*와 인터뷰를 통해 후아나의 행동이 극단적으로 공격적이라는 결론에 이르렀다. 그녀는 지극히 평범한 질문에도 질문의 숨겨진 의도를 멋대로 짐작하며 무뚝뚝하게 대답하는 경우가 매우 많았다. 계속 상대방이 어떤 사람인지 알아내려 하고 그가 어떤 사람인지 공개적으로 꼬리표를 단다. 직장 동료들이 무리 지어 있거나 두 사람 이상이 속삭이는 걸 보면 대

● 인지행동 치료에서 내담자에게서 정보를 얻어 내기 위한 전형적인 방법. 자신의 행동 등을 스스로 모니터하는 방법 self-monitoring, 면접법 interview, 생각을 소리 내서 말하게 하기 think-aloud protocol, 설문지 문항에 표시하게 하는 설문지법 questionnaire 등이 있다. 그중 설문지법이 가장 널리 사용되고 있다.

놓고 이렇게 말하는 스타일이었다. "내 말을 하고 있는 거라면 속 닥거리지 말고 크게 말해!"

새로운 사람을 만나면 "불필요한 오해를 미리 방지하기 위해서" 바로 자신이 누구고, 어떤 행동을 좋아하고, 어떤 행동을 불편해하는지 매우 확실히 말하는 유형이었다.

엘레나

엘레나는 후아나와 나이도 직업도 같았다. 하지만 문제는 후아나와 완전히 달랐다.

그녀는 미혼으로 엄마와 스물셋, 서른여섯인 두 여동생과 살고 있었다.

분석 1

상담 이유를 가늠하기 매우 어려운 경우였다. 처음에는 "우리 가족은 늘 서로에게 화가 나 있어요"라고 말하며 가족과의 관계를 불평했다. 그러면서 자신이 항상 중재자 역할을 한다는 걸 강조했다. 자신이 나서지 않으면 가족 간의 불화가 극에 달해 집이 지옥이 될 거라고 믿고 있었다. 그녀의 엄마는 우울한 성격인데 엘레나가 엄마를 돌본다고 말했다.

더 많은 정보를 끌어내기는 어려웠다.

분석 2

거의 일 년이 지나서야 그녀의 주요 문제인 엄마와의 관계가 수면으로 떠올랐다. 엄마는 엘레나뿐만 아니라 두 동생까지 자기 멋대로 조정하고 지배했다. 집 안의 긴장감과 분노를 조장하는 장본인이었다. 실제로 엄마가 세 자녀를 완전히 자기에게 묶어 놓은 것을 알게 되었다. 엄마는 자녀들이 주말에 외출하는 것을 금지했고 친구는 물론이거니와 애인도 사귀지 못하게 했다. 당연히 세 자녀는 타인과의 관계에 큰 어려움을 겪고 있었다. 구체적인 예로 엘레나는 외출을 거의 하지 않았고 친구도 없었다. 사회적 능력이 전혀 없었다.

분석 3

마침내 두 가지 문제점을 도출해 낼 수 있었다.

1. 자기주장의 결여. 엘레나는 한 번도 자신이 원하는 것을 실행에 옮긴 적이 없었다. 집과 직장에서 결코 그 무엇도 부정한 적이 없었다. 대항할 줄도 화낼 줄도 몰랐다. 불만을 전혀 표현하지 않을 정도로 자기 조절이 지나쳤다.

2. 깊은 죄책감. 엄마가 새겨 놓은 죄책감에 엄청나게 시달리고 있었다. 예를 들어 엄마의 명령에 따르지 않으면 나쁜 딸이 된

다고 생각했다. 상대방에게 끊임없이 자신을 정당화하지만 정
작 자신에게는 무관심했다.

나와 엘레나는 먼저 좀 더 내적인 문제인 죄책감을 치료했다.
그런 후에 외적인 문제인 자기주장 결여 문제를 해결해 나갔다.
후아나와 엘레나는 이 책에서 앞으로도 계속 나올 것이다. 그녀
들의 '자기보고'를 보면서 어떻게 그녀들의 문제를 분석하고 해결
했는지 살펴보자.

소심한
성격 탓일까

지금부터는 다양한 성격의 특징을 이야기하려고 한다. 순종적인 성격, 공격적인 성격, 순종적이며 공격적인 성격 그리고 마지막으로 자기주장이 강한 성격의 주요 특징을 살펴볼 것이다.

이 세상 누구도 완전히 공격적이거나 순종적이거나 또는 자기주장이 강한 성격이지는 않다. 다만 이 셋 중 특정 성향을 좀 더 두드러지게 보이는 사람들이 있을 뿐이다. '순도 100퍼센트' 특정 성향만을 가지고 있는 사람은 없다. 그러니까 특정 상황에서 문제적인 행동을 하는 사람이라도 다른 상황에서는 완전히 정상적으로 반응할 수 있다. 각자 가지고 있는 문제와 그 문제가 자신에게 얼마나 중요한지는 개인마다 다르다.

이 책을 읽다 보면 '행동'이라는 단어와 자주 접하게 될 것이다. 여기서 행동은 단순히 외부적 움직임만을 의미하지 않는다. 개인이 특정 상황에서 가지게 되는 일련의 행동, 감정, 생각 등을 뜻한다.

각 성격 유형(순종적, 공격적, 순종공격적 그리고 자기주장이 강한 유형)에서 나타나는 특징들을 알기 위해 다음의 세 가지가 각 유형에서 어떻게 작용하는지 알아보자.

- 외적 행동
- 생각 패턴
- 느낌 및 감정

순종적인 사람

순종적인 사람은 자신의 권리와 관심사를 내세우지 않는다. 상대방을 배려하지만 정작 자신은 배려하지 않는다.

외적 행동
- 낮은 목소리로 말한다 ─ 유창하게 말을 못한다 ─ 말을 더듬거리거나 중얼거린다 ─ 우유부단하다 ─ 조용하다 ─ 습관적으로 특정한 말을 반복해서 사용한다(그러니까, 안 그래?).

- 눈 마주치는 것을 피한다 — 시선을 항상 떨구고 있다 — 긴장된 표정이다 — 이를 꽉 물고 있거나 입술을 떤다 — 손을 안절부절 어떻게 할 줄 모른다 — 손톱을 깨무는 버릇이 있다 — 자세가 긴장되어 있고 불편해 보인다.
- 과잉적응증후군을 앓고 있다.
- 어떻게 행동하고 무슨 말을 해야 할지 몰라 불안해한다.
- 제3자에게 자주 불평한다.
- '그 사람은 나를 이해하지 못해.', '그 사람은 이기적이고 나를 이용하려고 해'라고 생각한다.

생각 패턴

- 이렇게 하면 상대방이 피해를 입거나 기분 나쁘지 않을 거야, 내가 희생해야지.
- 내가 무엇을 느끼고 생각하고 원하는지 중요하지 않아. 네가 무엇을 느끼고, 생각하고 원하는지가 중요해.
- 모든 사람이 나를 좋아해 주고 내 가치를 알아줬으면 좋겠어.
- 왜 나를 이해해 주지 않는 거지? 계속 조정당하는 느낌이 드는데? 나를 무시하는 것 같은 느낌은 기분 탓일까?

느낌 및 감정

- 무기력감 — 내적인 에너지는 충만하지만, 육체적으로는 기운

이 없다 — 잦은 죄책감 — 낮은 자존감 — 자기감정 기만(공격적이고 적대적인 마음을 품고 있지만 표현하지 않는다. 어떤 경우에는 본인조차도 자신이 어떤 감정을 느끼는지 모른다) — 불안감 — 좌절감

이런 유형의 사람은 이들의 행동반경에 있는 사람들에게 필연적으로 영향을 미친다. 순종적인 행동을 장기적으로 지속했을 경우 나타나는 주요 결과는 다음과 같다.

- 자존감이 낮아진다.
- 때때로 타인에게 고마운 마음이 들지 않는다.
- 타인을 존중하는 태도가 부족하다.

순종적인 사람은 상대방에게 죄책감 또는 우월감을 느끼게 한다. 상대방은 순종적인 사람에게 자신이 계속 빚을 지고 있다는 느낌을 받거나('정말 사람이 너무 좋아') 혹은 자신이 그보다 더 우월하다고 느낀다.

순종적인 사람은 긴장을 엄청나게 억누르고 자기 생각이나 원하는 것을 표현하지 못해 때때로 내면의 공격성을 돌발적으로 폭발시킨다. 이때는 조절이 거의 불가능하다. 이는 대인 관계 기술로 적절히 표출해 내지 못하고 오랫동안 쌓아 온 긴장감과 적대

감이 누적된 결과라고 할 수 있다.

공격적인 사람

공격적인 사람은 상대방을 배려하지 않는다. 어떤 경우에는 상대방을 완전히 무시하고 오로지 자신의 권리와 이해관계만을 지키려 한다. 특정 상황을 직시할 능력도 부족하다.

외적 행동

- 목소리가 크다 — 가끔 너무 급하게 말하다 보니 말을 유창하게 하지 못할 때가 있다 — 맺고 끊는 게 확실하다 — 상대방의 말을 자주 끊는다 — 욕설과 협박을 활용한다.
- 도전적인 눈빛 — 긴장된 얼굴 — 긴장된 손 — 상대방의 공간을 침범하려는 듯한 몸짓
- 매사에 방어적인 태도를 보인다.
- 아이러니 — 경멸 — 섬세한 공격성

생각 패턴

- 지금은 내가 제일 중요해. 네가 뭘 생각하고 느끼는지 관심 없어.
- 내가 이런 방식으로 행동하지 않으면 사람들이 날 비난할

거야.

- 모든 일은 승자와 패자로 나뉘는 거야.
- 나쁘고 악한 사람은 반드시 벌을 받아야 해.
- 내가 원하는 대로 일이 안 풀려서 정말 끔찍해.

느낌 및 감정

- 점점 강해지는 불안감
- 외로움 ― 이해받지 못한다는 느낌 ― 죄책감 ― 좌절감
- 낮은 자존감(그렇지 않다면 지나치게 자신을 방어하지 않을 것이다)
- 자신을 통제할 수 없을 것 같은 느낌이 든다.
- 시간이 지날수록 점점 더 많은 사람에게 분노를 표출한다.
- 자신이 느끼는 감정을 솔직하게 표현한다.

순종적인 사람과 마찬가지로 공격적인 사람도 자신의 행동 방식으로 인한 일련의 결과를 갖게 된다.

- 다른 사람들이 그를 피하거나 거부한다.
- 공격적으로 상대방에게 억지로 강요하는 게 늘어날수록 자연스럽게 내부의 공격성도 점점 더 강해지는 악순환의 늪에 빠지게 된다.

이들이 외부적으로 공격적이라고 해서 내적으로도 그런 건 아니다. 그들의 행동 대부분은 상대방의 공격으로부터 자신을 지키기 위해서 또는 긴장 상황을 대면할 기술이 부족해서 나타나는 것이다. 종종 경직된 생각이나 매우 급진적인 신념(세상을 흑백논리로 바라보는 생각 패턴)에서 비롯되기도 한다. 그렇지만 이런 경우는 그다지 많지 않다.

순종적이며 공격적인 사람

이런 성향의 사람은 새로운 유형이지만 매우 쉽게 알아볼 수 있다. 순종적인 행동과 공격적인 행동 중간쯤을 보이는데, '수동 공격적' 또는 '순종공격적'이라고 부른다. 수동공격적인 사람의 주요 전략은 감정적 협박이다. 즉 타인들에게 죄책감을 느끼게 해서 어떻게 해서든 자신의 부탁을 들어주게 한다. 자기편으로 만들어 힘이 되도록 하는 것이다.

외적 행동

- 상대방이 죄책감을 느끼게 하거나 '그렇게 하면 못해'라는 인상을 주어 그들 내부의 공격성을 일깨운다.
- 간접적이며 비인칭 어투를 구사한다.
- 다른 사람들과 비교해 깎아내린다. "다른 사람들은 나한테 잘

하는데, 너는 뭐니?", "아무개씨 딸은 엄마를 얼마나 위하는지 아니?"

• 자신을 희생자 위치에 놓는다. 원하는 대로 일이 안 풀리면 병이 나고, 형언할 수 없을 정도로 타격을 받으며 제대로 일을 못한다.

• 갈등을 풀기 위해 대화하려고 하면 갑자기 주제를 바꿔 회피한다.

생각 패턴

• 순종과 공격성의 혼합이라고 할 수 있다. 초기에는 낮은 자존감을 보이지만 타인이 자신을 좋아하고 관심을 보이면 감정적 협박을 활용한다.

• 자기표현이 약한 상대방에게 심하게 공격적인 태도를 보인다. 전반적으로 공격적인 사람의 전형적인 생각 패턴을 가지고 있다. 다만 생각을 행동으로 드러내지 않을 뿐이다.

• 상대방의 행동을 항상 부정적으로 해석한다.

느낌 및 감정

• 감정적으로 솔직하지 못하다.

• 무기력감, 좌절감, 열등감을 느낀다는 면에서 순종적인 사람들의 감정 패턴과 맞닿아 있다.

다음은 자기주장 문제를 가지고 있는 사람이 쓴 글이다. 과연 어떤 성향의 사람일까? 혼동하지 않게 조심하길 바란다. 종종 우리의 해석이 잘못될 수도 있다.

회사에 있으면 항상 알바로가 신경 쓰인다. 그가 말하는 모든 것이 나를 성가시게 한다. 그는 멍청이고 경악할 만큼 자신감에 차서 세상에서 가장 바보 같은 말을 쏟아 낸다. 나는 그를 증오한다. 나는 자주 극도로 긴장한다. 회사일이 회사 밖에서의 나의 일상과 관계들에 영향을 미치면 안 된다는 걸 안다. 그러나 어제, 테이블에 앉아 있을 때 알바로가 말했다. "아, 우리 중 누구는 조금만 있으면 휴가도 가고, 좋겠네." 물론 나를 저격한 말이었다. 나는 순간 긴장하며 아직 열흘이나 남았다고 대답했다. 그는 자기는 휴가 가려면 한 달 반이나 남았다고 했다. 나는 그에게 휴가 가기 열흘 전 기분이 어떤지는 나중에 닥치면 잘 알게 될 거라고 말했다. 그러자 알바로가 뭔가 낮은 목소리로 중얼거렸다. 나는 그와 등지고 앉아 있었는데, 돌아보지도 질문도 더는 하지 않았다. 너무 긴장해서 폭발할 것 같았기 때문이다.

나는 그에게 뭐라고 대응하기 두렵다. 내 목소리가 떨릴까 봐 두렵다. 나는 그를 매우 증오한다. 그를 참을 수 없다. 나는 너무 짜증이 나고 확신이 서지 않는데 그는 언제나 침착하다. 휴가 이야기도 나를 짜증나게 하려고 시작했을 텐데, 내가 어김없이 그의 함정에 바보 같이 빠지고 만 것이다.

알바로는 항상 옳고 나는 틀리다. 그는 나보다 우월하다. 아나하
고도 비슷하다. 어떻게 아나에게 사귀자고 말했지? 그들은 분명히
일주일도 못 갈 게 분명하다.

회사에서 누군가와 말해야 할 때면 나는 끔찍하게 긴장한다. 말도
잘 안 나오고 목소리는 파르르 떨린다. 이런 상황이 나를 절망하
게 한다.●

　　　　　여러분은 어떤 성향인가? 아마도 어떤 사람과 있느냐
　　　　　에 따라 다를 것이다. 책 앞부분에서 작성한 리스트로
돌아가 보자. 때로는 순종적이고, 때로는 공격적이며, 순종공격적
이지 않은가? 아니면 모든 상황에서 같은 행동으로 반응하는가?

전혀 자기주장이 없는 전형적인 태도

지금까지 자기주장 문제를 겪고 있는 사람들에게서 흔히 나타
나는 행동, 생각 그리고 느낌에 관해 이야기했다. 이제 긴장을 유
발하는 상황에서 어떻게 반응하는지 보자.

● 이런 종류의 사람은 수동공격적인 성향이다.

자기주장에 서툰 카를로스가 한 달 전에 후안에게 빌린 책이 있다. 후안은 매번 책을 돌려주는 걸 잊어버리는 카를로스를 채근하는 데 지쳐 있다. 마침내 어느 날, 카를로스가 책을 돌려준다. 벌써 오래전부터 기분이 상해 있던 후안은 냉소적으로 말한다. "정말 고마워. 나는 이렇게 책을 빨리 돌려주는 사람이 좋더라고."

카를로스는 친구의 반응에 당혹감을 느낀다. 그렇더라도 어떤 식으로든 이 상황에 대처해야 한다.

그중 전형적인 네 가지 잘못된 반응은 다음과 같다.

정신이 마비된다

행동: 마비된 상태가 되어 말 그대로 굳어 버린다.

생각: 머릿속이 새하얘진다. 어떤 사람은 초조함을 해소하려고 반복적으로 자기선언문을 되새긴다. '뭔가 말해야 해', '상황이 점점 더 나빠지는군', '세상에, 이제 어떻게 하지?' 등.

카를로스는 아마도 돌처럼 굳을 것이다. 한마디도 못하고 아무것도 하지 못할 것이다. 이런 행동은 상대방의 생각 패턴에 따라 마음대로 해석될 것이다. 상대방도 이런 상황이 처음이며 사전 정보도 없기 때문이다. 후안이 어떤 종류의 사람이냐에 따라 다음과 같은 생각이 도출될 수도 있을 것이다. '이런 철면피 같으니라고, 모르는 척하며 미안하다는 말도 안 하네.' 또는 '흠, 자기 잘못을 인정하나 보네. 말이 없는 자는 인정하는 자…'

과잉 적응한다

행동: 상대방이 원하는 것을 짐작해서 그대로 반응한다.

생각: 상대방이 나에게 무엇을 기대하고 있을까에 대해서만 지나치게 집중한다. '그에게 미소 지어야 할까?', '내 생각을 말하면 화낼까?', '네 말이 맞다고 하면 좋아할까?'

순종적인 성향의 사람들이 이렇게 반응한다.

만약 카를로스가 이 방식을 선택한다면 후안의 농담이 정말 재미있었다는 듯이 어색하게 웃으며 넘겨 버릴 것이다. 물론 왜 책을 늦게 돌려주게 되었는지에 대해서는 어떤 설명도 하지 않을 것이다.

극도로 불안해한다

행동: 말을 더듬고, 식은땀을 흘리고, 손을 가만두지 못하고, 상투적인 움직임을 보일 것이다.

생각: '이런, 딱 걸렸네!', '이제 뭐라고 말하지?', '변명해야 하나?' 등. 어떻게 행동해야 할지 빠른 판단을 내리지만 오히려 더 초조해지고 불안해진다.

초조함이나 불안감은 정신이 마비될 때 나타나는 현상이기도 하다. 이런 경우 생각이 꽉 막혀 당사자는 아무 생각도 할 수 없게 된다. 상황을 헤쳐 나갈 만한 보편적인 다른 반응도 찾아낼 수 없다.

카를로스는 무슨 반응을 할 수도 있지만 초조함도 함께 표출될 것이다. "그러니까, 내가… 헤헤, 맞아, 네 말이 맞아. 그런데 일부러 그런 게 아니라, 그러니까, 내 말은 네 말이 맞다는 거야." 동시에 손을 만지작거리거나 머리카락을 여러 번 비비 꼬거나 초조해하며 어색하게 웃을 것이다.

공격성을 보인다

행동: 목소리가 커지고, 문을 세게 닫고, 욕을 한다.

생각: '더는 못 참아.', '이건 정말 참을 수 없어.', '어떻게든 무슨 말을 해야겠어.', '내가 아주 바보인 줄 아나 보네.'

이런 종류의 행동에도 마찬가지로 초조함과 불안감이 동반된다. 당사자는 너무 초조하고 불안한 나머지 내적 긴장감을 폭발시킬 필요성을 느낀다.

카를로스는 다음과 같은 호전적인 말을 던질 수 있다. "야, 그러는 너는 결점 하나 없이 완벽하냐, 어?", "아니 뭐 그렇게 과장하니?" 또는 최악의 경우 "야, 너 완전히 생각이 없는 사람이구나"라고 할 수도 있다.

자기주장이 있는 사람

그렇다면 자기주장이 있는 사람은 어떻게 행동하고 생각하고 느낄까. 짐작하겠지만, 자기주장의 모든 특징을 갖고 있는 멋진 사람을 만나는 일은 드물다. 순종적이며 공격적인 사람들도 마찬가지다. 그래서 다음의 설명들은 비현실적이라는 점을 미리 말해 둔다.

건강하게 자기주장을 하는 사람은 상대방을 존중하면서 자신의 권리를 인식하고 지킬 줄도 안다. 그는 이기는 것이 아니라 합의점에 도달하는 것을 목표로 한다.

외적 행동

- 유창하게 말한다 — 확신에 차 있다 — 말을 더듬거리거나 습관적인 어투가 없다 — 시선을 회피하지 않고 정면을 바라본다 — 몸이 굳어 있지 않고 태도가 자연스럽다.
- 긍정적이거나 부정적인 감정 표현을 솔직하게 한다 — 무례하지 않게 자신을 보호한다 — 솔직하다 — 자신의 취향과 관심사를 제대로 표현할 줄 안다 — 해명이 필요할 때 요구할 줄 안다 — "싫다"라고 말할 수 있다 — 실수를 인정할 줄 안다.

생각 패턴

- 자기 자신과 타인의 권리를 인식하고 믿는다.
- 믿고 있는 신념이 대부분 '이성적'이다(이 부분은 이후에 더 설명할 것이다).

느낌 및 감정

- 건전한 자존감 — 자신을 타인과 비교해서 열등감이나 우월감을 느끼지 않는다 — 관계에서 만족감을 느낀다 — 자신을 존중한다.
- 감정 조절 능력이 있다.
- 자신을 공격하는 사람의 분노를 멈추게 하거나 무장해제시킨다.
- 오해를 풀 줄 안다.
- 상대방이 존중받고 가치를 인정받고 있다고 느끼게 해 준다.
- 자기주장이 있는 사람은 바보스러운 사람이 아니라 좋은 사람으로 평가받는다.

후안과 카를로스 상황을 다시 떠올려 보자. 만약 카를로스가 자기주장이 있는 사람이라면 비록 자신이 잘못했더라도 적절히 대응하며 여유 있게 빠져나갔을 것이다.

자기주장이 있는 사람의 특징은 다음과 같다.

1. **"싫어요"라고 말할 줄 알거나 특정 문제에 대해 자신만의 견해를 가지고 있다.**

- 어떤 문제가 있을 때 그것이 대다수 의견에 반하더라도 자신만의 입장을 소신 있게 표현할 수 있다.

- 자신의 견해, 느낌, 요구를 밝히고 정당화하기 위한 논리를 펼칠 줄 안다.
- 타인의 요청을 거절할 수 있다.
- 동시에 상대방의 입장, 느낌, 요구를 이해한다고 표현한다.

2. 부탁하는 법을 안다.

- 문제가 생기면 도와 달라고 표현할 줄 안다.
- 자신이 존중받지 못한다고 느낄 때 다르게 행동해 달라고 부탁할 줄 안다. 구체적인 행동을 요구할 줄 안다. 월급 인상, 인정받기 등.

3. 자신의 가치를 확인할 줄 안다.

- 자신이 존중받지 못하고 있다고 느낄 때도 상대방을 공격하지 않고 반응한다.
- 자신의 말을 경청하고, 자신을 존중해 달라고 예의를 지키며 요구한다.

4. 당사자 모두를 존중하는 방법으로 분쟁을 해결한다.

- 비판을 받아도 자존감을 가지고 반응한다.
- 무례하지 않은 방법으로 비판을 한다.
- 합의를 만들어 낸다.

5. **감정을 표현할 줄 안다.**

* 고마움, 애정, 경외와 같은 다양한 감정을 표현한다.
* 불만족, 고통, 혼돈과 같은 감정을 표현한다.

카를로스가 자기주장이 있는 사람이었다면 어떻게 대답했을까? 친구의 비난이 타당하다면 사실을 부정할 수는 없다. 그렇다면 대략 다음과 같이 대답했을 것이다. "네 말이 맞아. 빨리 돌려줬어야 했는데…." 그러면서 늦어진 이유를 해명할 수도 있다. "내가 책을 빌릴 때 완전히 정독할 거라고 말했는데 기억하니? 생각보다 책이 길어 짧은 시간에 모두 읽을 수가 없었어." 만약 후안의 말이 사실이긴 하지만 그의 비난에 기분이 나빴다면 이렇게 대답할 수도 있다. "그래, 내가 좀 늦게 돌려준 건 사실이야. 그렇다고 해서 그렇게 비아냥거리니 기분이 좀 그렇다. 다음번엔 빨리 돌려줄게. 너도 앞으로 그런 식으로 말하지 않았으면 좋겠어, 오케이?"

말 잘하는 사람은
눈빛부터 다르다

이 부분은 약간 이론적이지만 흥미로운 구석이 많다. 의사소통에서 비언어적 요소들은 개인이 특정 방식으로 반응할 때 그것을 더 강조하는 역할을 한다. 그런데도 중요성이 곧잘 간과된다.

비언어적 요소, 즉 몸짓·시선·자세는 우리가 누군가와 소통하고 있을 때 그대로 외부에 드러난다. 여기서는 자기주장에 직접적인 영향을 미치는 커뮤니케이션 부분만을 다루도록 하겠다.

비언어적 요소들은 아무리 감추려 해도 어쩔 수 없이 표현된다. 말을 하지 않기로 결심하거나 언어로 의사소통을 못할 처지에 놓이는 경우도 있다. 그렇지만 표정과 몸짓은 계속 상대방에게 끊임없이 메시지를 보낸다. 이런 비언어적 메시지는 상대방에게 의식적으로 입력된다. 우리는 상대방이 실제로 편안한지 또는 짜증스러운지에 대해 정확히 알지 못하는 상황에서도 상대방의 표정이나 몸짓 같은 비언어적 요소를 통해 그 사람에 대한 인상을 구축한다.

심리학자인 로마노와 벨락이 자기주장의 행동을 연구한 결과에 따르면 자세, 표정 그리고 억양과 같은 비언어적 요소가 언어적 메시지와 가장 밀접한 관계를 맺는다.

주요 요소를 하나씩 짚어 보자.

시선

시선은 대인 관계 기술과 자기주장을 다루는 책들에서 가장 많이 연구되는 요소이다.

거의 모든 인간관계가 서로 주고받는 시선에 좌우된다. 내 얼굴을 외면하거나 너무 뚫어지게 바라보는 사람과 대화할 때 어떤 생각이 드는지 상상해 보면 쉽게 이해할 수 있다. 시선의 강도와 종류에 따라 소통의 깊이가 달라진다. 예를 들어 대화할 때 상대방의 눈을 피하는 사람에 대한 가장 일반적인 평가는 그가 초조함이 많고 자신에 대한 믿음이 부족한 사람이라는 것이다.

자기주장이 있는 사람은 자기주장이 부족한 사람에 비해 시선을 집중하는 경향이 있다.

자기주장이 있는 사람은 시선 강도를 의사소통의 중요한 도구로 활용한다. 그런 사람들은 말할 때 40퍼센트, 경청할 때 75퍼센트 정도로 시선 강도를 조절해서 균형 잡힌 상호작용을 이루어 낸다.

표정

표정은 인간관계에서 다양한 임무를 수행한다.

- 표정은 숨기려 해도 감정 상태를 그대로 드러낸다.
- 말하는 사람의 메시지를 제대로 이해했는지, 놀랐는지, 동의하는지, 반대하는지에 대한 정보도 계속 제공한다.
- 상대방에 대한 태도를 나타낸다.

기쁨, 놀라움, 분노, 슬픔, 두려움 같은 감정은 기본적으로 얼굴의 세 영역에서 표현된다. 이마/눈썹, 눈/눈두덩이 그리고 얼굴 하단 부분이다.

보통 사람들은 전달하고자 하는 자신의 기분 상태에 따라 다양한 표정을 짓는다. 또 어떤 감정이나 기분을 숨기기 위해서 일부러 무표정한 얼굴을 하려고 노력할 수도 있는데(소위 말하는 '포커페이스'), 그 경우 당사자는 자신의 표정을 능숙하게 조절하는 데 성공한 것이다.

> 자기주장이 있는 사람은 자신이 전달하고자 하는 메시지에 적절한 표정을 지을 것이다.

즉 자신이 말하는 메시지에 모순되거나 그에 어긋나는 표정을 짓지 않는다. 반면 순종적인 사람은 불공평한 명령을 받으면 속이 부글부글 끓어오를지라도 친절한 표정을 보일 때가 많다. 반대로 공격적인 사람은 속으론 상처받았으면서도 화난 표정을 지을 것이다.

자세

몸과 손발의 위치, 앉아 있는 자세, 서 있을 때의 자세, 걸을 때의 자세는 자신에 대한 태도와 의식 그리고 상대방에 대한 자신의 기분을 반영한다. 총 네 가지 기본 자세가 있다.

- 다가가는 자세: 주의를 기울이고 있다는 표시로 상대방에 대한 긍정적(호감) 또는 부정적(침입)인 신호로 해석될 수 있다.
- 떨어져 있는 자세: 종종 거부, 부인 또는 차가움의 신호로 해석된다.
- 곧은 자세: 확실함을 나타내지만 동시에 자만함 또는 경멸의 신호로 해석될 수도 있다.
- 움츠린 자세: 우울함, 부끄러움 그리고 육체·정신적 피곤함의 신호로 해석될 수 있다.

> 자기주장이 있는 사람은 보통 상대방을 정면으로 바라보고, 그에게 가까이 다가가며, 곧은 자세를 유지할 것이다.

몸짓

몸짓은 기본적으로 문화적이다. 손 그리고 강도는 낮지만 머리와 다리는 언어적 행위를 극대화하고 지원하기 위해서 다양한 종류의 몸짓을 만들어 낼 수 있다. 말하는 사람은 진짜 감정을 숨기려고 말과 반대되는 몸짓을 취할 수도 있다.

자기주장을 잘하는 그룹과 그렇지 않은 그룹을 비교한 결과 전자는 상호관계 중 10퍼센트의 몸짓을 사용했고 후자는 대략 4퍼센트를 활용했다.

자기주장의 몸짓은 자발적인 움직임이다. 자신에 대한 솔직함, 확신 그리고 자연스러움을 표현한다.

준언어적 요소들

발성 같은 준언어적 요소들은 메시지를 전달하는 과정에 관여한다. 준언어적 요소들은 다음과 같다.

- 음량: 자기주장의 대화에서 목소리 크기는 전달하고자 하는 메시지와 조화를 이룬다. 목소리가 지나치게 작으면 불확실성 또는 두려움의 표시일 수 있고 반대로 너무 크면 공격성과 우월감을 나타낼 수 있다.
- 어조: 기본적으로 고음이거나 낭랑할 수 있다. 무미건조하고 단조로운 어조는 불확실한 느낌과 압박감을 줄 수 있으므로 듣는 사람을 설득할 확률이 매우 낮다. 자기주장의 어조는 자신에 대한 확신을 기반으로 하고 있어 상대방에게 위협적이지 않고 일정하다.
- 말할 때의 유창함-주저함(흔들림): 지나치게 우물쭈물하고 특정 단어를 반복하면 듣는 사람에게 자신이 불확실하고, 관심이 없으며 초조하다는 인상을 심어 줄 수 있다. 이러한 현상은 자기주장의 대화에서도 나타날 수 있다. 다만 이 경우에는 모

든 것이 정상 범주 안에서 일어나고 적절한 준언어적 요소들이 뒷받침해 주고 있다.

- **명료함 및 속도**: 자기주장이 있는 사람은 상대방이 오해하거나 다른 대체 신호들에 의지하지 않아도 되게 명료하게 말한다. 말하는 속도도 너무 느리거나 빠르지 않다. 너무 느리거나 빠르면 제대로 의사소통할 수 없기 때문이다.

언어적 요소들

이제 자기주장을 잘하는 의사소통인지 아닌지 결정하는 언어적 요소들을 살펴보자.

말하는 사람은 다양한 의도를 갖고 말을 한다. 생각 전달하기, 감정 표현하기, 논평하기 등이 대표적이다.

말하는 사람이 사용하는 단어는 상황에 따라서 혹은 어떤 상황에서 자신의 역할에 따라 달라진다. 궁극적으로는 말을 통해 얻고자 하는 목표에 따라서 달라진다.

연구 결과에 따르면 자기주장을 잘하는 사람들과 그렇지 않은 사람들은 현저히 다른 언어를 구사한다는 사실이 밝혀졌다. 자기주장을 잘하는 집단은 상대방과 자신이 공통으로 관심 있는 주제를 대화에 잘 활용하고 감정 표현도 적절히 한다. 또한, 대인관계 기술이 뛰어난 사람들은 무조건 상대방을 용인하지 않는 태도를 갖고 있는가 하면 긍정적인 애정 표현도 잘한다.

대화는 정보를 주고받고 적절한 사회적 관계를 유지하기 위한 뛰어난 소통 수단이다. 말하는 사람과 듣는 사람 사이에서 언어적 신호와 비언어적 신호가 어느 정도 잘 통합되어야 좋은 대화라 할 수 있을 것이다. 대화에서 중요한 요소들은 다음과 같다.

- 말하는 시간: 이 요소는 자기주장, 상황 및 사회적 불안감에 대응하는 능력과 직접 연결된다. 전반적으로 말을 길게 할수록 더 자기주장이 강하다고 할 수 있다. 물론 때에 따라서 너무 오래 장황하게 말하는 것은 지나친 초조함을 내비칠 수 있다.

- 피드백: 말을 할 때는 청자가 어떻게 반응하고 있는지 살펴야 한다. 그래야만 분위기에 따라 언어적 행동을 바꿀 수 있다. 청자들이 자신의 말을 이해하고 있는지, 믿고 있는지, 놀라워하고 있는지, 지루해하는지에 대한 정보들을 알 필요가 있다. 자기주장이 있는 사람은 말하는 사람이나 듣는 사람이나 대화에 동등하게 관심을 가지라고 요구한다. 또한 대화 주제나 목표를 먼저 이해시킨다.

- 질문: 대화를 유지하기 위한 핵심적인 것으로, 상대방에 관한 정보를 얻어내는 한편 상대방이 말하고 있는 것에 관심 있음을 보여 줄 수 있는 태도다. 질문하지 않으면 대화가 단절되고

말하는 사람은 듣는 사람이 관심이 없다고 오해할 수 있다.

이 장을 끝내기 전에 한 가지 중요한 사실을 말해 두고 싶다. "제비 한 마리가 날아왔다고 해서 봄이 되었다고 속단하지 마라"는 속담이 있다. 즉, 어떤 사람이 말을 많이 더듬거린다고 해서 그 사람을 확신이 없고 순종적인 사람으로 또는 목소리가 크다고 해서 당연히 공격적인 사람으로 판단해서는 안 된다는 것이다.

특정 행동을 객관적으로 평가하려면 비언어적 신호들과 함께 통합적으로 관찰할 필요가 있다.

 두 명의 친구와 함께 다음의 상황을 연습할 것을 제안한다. 아주 친한 사이가 아니어도 괜찮다. 이 연습을 위해 상대방을 잘 알 필요는 없다.

먼저 두 사람은 마주 앉아서 사전에 설정해 놓은 주제에 대해 대화를 한다. 이때 제3자는 두 사람을 관찰하면서 두 사람의 비언어적 요소 중 중요한 것들만 메모한다. 5분 후, 관찰자는 두 사람에게 피드백을 준다. 두 사람은 다시 대화를 시작한다. 이번에는 관찰자의 피드백을 반영하며 행동을 바꾸려고 시도해야 한다. 5분 뒤, 역할을 바꿔서 다시 대화를 시작한다.

관찰자가 손쉽게 메모할 수 있도록 다음 관찰지를 제안한다.

언어적 및 비언어적 행동 관찰지

	A	B
시선		
표정		
− 이마/눈썹		
− 눈/눈두덩이		
− 입		
자세		
− 접근성		
− 거리 유지		
− 움츠림		
몸짓		
− 손		
− 머리		
− 다리		
음량		
어조		
− 유창함		
− 주저함		
− 반복		
− 더듬거림		
명확성		
속도		

2
.
.
.

나에겐 말할
권리가 있다

침묵이
미덕인 줄 알았다

어떤 사람은 적어도 겉으로 보기에는 여러 난처한 상황에서 처세에 능하고, 적절한 답을 너무 쉽게 찾아낸다. 또 어떤 사람은 같은 상황에서 어쩔 줄 몰라 하면서 힘겨워한다. 도대체 왜 이렇게 다른 것일까? 자기주장이 부족한 사람들은 왜 하고 싶은 말을 입에만 담고 있는지 그 이유를 살펴보자.

자기주장을 하는 사람과 그렇지 못한 사람은 그에 상응하는 행동과 기술을 배운다. 담배를 피우거나 술을 마시는 것처럼 습관 또는 행동 패턴이 있다.

세상 누구도 천성적으로 자기주장을 잘하거나 못하게 태어나지 않는다. 유전적으로 물려받는 것이 아니다. 부모님, 선생님, 친구들, 대중매체 등을 통해 자기주장을 어떻게 하는지 학습하고 체득한다.

자기주장을 하지 않는 사람은 문제에 부딪혔을 때 해결책을 찾지 못한다. 기존의 자기 생각과 행동 패턴 안에서만 해결책을 찾기 때문이다. 앞에서 순종적이라고 묘사했던 엘레나는 가족들에게 '좋은 사람', '엄마의 든든한 지원군'이다. 하지만 그런 이미지는 엘레나에게 강요된 것뿐이다. 그녀는 그 외의 다른 역할을 부여받지 못했다.

좀 더 자기주장을 내세우는 사람이 되어야 한다고 말했지만 엘레나는 절대 그럴 수 없다며 강경한 태도를 고수했다. 마음속에서는 변화를 원하고 있었지만 반항적으로 비치는 것을 두려워했다. 특히 자기 삶의 유일한 버팀목인 엄마의 애정을 잃게 될까 봐 망설였다.

자기주장을 못하는 사람들은 다음 일들을 경험했을 수 있다.

• 자주 벌을 받았다.

여기서 벌은 꼭 신체적인 처벌만 말하지 않는다. 모든 종류의 비난, 경멸, 금지도 벌에 해당된다.

• 자기주장을 할 때 긍정적인 반응을 경험한 적이 별로 없다.

- 타인의 미소, 칭찬, 친절함 그리고 애정 등을 얻기 위한 어떤 행동을 학습하지 못했다.

- 소극적이고 나약해서 항상 도움을 받거나 보호를 받았다. 이런 부류의 사람들은 얻고자 하는 것이 있을 때 자기주장을 해 얻기보다 공격적인 행동으로 더 빨리 얻어낼 수 있다.

- 다른 사람들로부터 '골칫거리', '눈치 없는 사람'이라는 말을 듣는 부류다. 이런 사람들은 언제 대화에 참여해야 자신의 존재감이 드러나고 어떤 경우에 자기주장을 굽히지 않아야 하는지를 구분하지 못한다. 사회적인 관계에 둔한 사람도 이 부류에 속하는데, 이런 사람들은 진지해야 하는 순간에 혼자 웃거나 적절치 못한 농담을 한다.

조건화 혹은 일반화

어떤 사람들은 문제가 생겼을 때 자신이 해야 할 적절한 대응을 알고 있지만 불안감 때문에 행동으로 옮기지 못한다. 이 부류의 사람들은 매우 힘든 경험에 갇혀 있을 가능성이 있다. 심리학에서는 이러한 현상을 '조건화' 또는 '일반화'라고 한다.

전학을 간 아이의 상황을 예로 들어 보자. 아이는 스스로를 이

방인, 아웃사이더라고 느낄 수 있지만, 그 학급의 아이들은 아무렇지 않을 수 있다.

이런 경험은 당사자의 마음속에 커다란 불안감의 앙금을 남긴다. 그래서 그 순간부터 자기주장 욕구가 줄어들 수 있다. 만약 그 사람이 자신이 처했던 상황을 확대 해석하는 경향이 있다면, 조금이라도 예전 경험과 비슷한 상황이 시작되면 극도로 불안해할 것이다.

나에겐 말할
권리가 있다

　전통적인 교육에서는 기본적으로 순종을 미덕으로 여긴다. 정도의 차이는 있겠지만 우리는 '권력에 대한 복종'이라는 규범을 암암리에 강요받으며 자라 왔다. 어른이 말할 때는 끼어들지 않기, 부모님이나 선생님 앞에서 자기 생각을 마음대로 표현하지 말기 등이 그것이다.

　비록 이런 교육은 구시대적이지만 아직도 많은 사람이 자신을 솔직히 표현했을 때 겪어야 했던 꾸지람과 권위적인 부모님에 대한 경험을 이야기한다.

　물론 대화 매너 교육을 적절히 한다면 아이들은 타인을 존중하고 예의 바르게 행동하는 법을 배우게 될 것이다. 하지만 좋은 교육이라는 미명하에 얼마나 많은 규칙이 강요되는가.

권위적인 메시지를 지속적으로 강요받으면 타인에 대한 열등 감과 변화는 불가능하다는 무력감에 빠진다. 오히려 상처를 받을 수 있다.

예를 들면 다음과 같다. "다른 사람들의 이익보다 자신의 이익 을 앞세우는 행동은 이기적이다"는 명제는 어떻게 이해하느냐에 따라 건전한 규범이 될 수도 있고, 반대로 너무 고지식하게 해석 하는 사람에게는 부작용을 일으킬 수도 있다. 어떤 경우에는 자 신의 권리를 최우선으로 두어야 할 필요도 있다.

"항상 논리적이고 일관성이 있어야 한다"는 규범도 예로 들 수 있다. 어렸을 때부터 장래에 어떤 직업을 가지고 싶고, 어떤 일을 하고 싶은지 정확히 알고 있다면 그런 사람은 일관성 있고 가치 있는 사람으로 평가받는다. 그렇지만 우리에게는 기존의 행동이 나 생각을 바꿀 권리가 있다.

매우 광범위하게 통용되고 있는 또 다른 규범은 "실수하는 것 은 부끄러운 일이다. 항상 적절한 대답을 해야 하며, 중간에 끼어 들면 안 되고, 질문을 너무 많이 해서도 안 된다"이다. 그렇지만 경우에 따라서 실수도 할 수 있고, 설명을 요구해야 할 때도 있 다. 모르는 것이 있으면 바보처럼 가만히 있지 말아야 한다.

그런데 최근의 교육계에서는 아이들에게 순종적인 태도를 요구 하지 않는다. 대중매체 등에서는 "공격적으로 되어야 한다", "다른 사람들을 밟고 올라 1등이 되어야 한다", "다른 사람보다 뛰어나야 한다"와 같은 메시지를 폭탄처럼 퍼붓고 있는 지경이다.

사실 예나 지금이나 교육 방침은 크게 다르지 않다. 둘 다 나 자신을 타인의 생각이나 외부에 비치는 이미지에 종속시킨다. 개인의 성과와 자존감에 집중하지 않는다. 세상을 우월하거나 열등한 승자와 패자로 이분화하는 것도 여전하다. 타인을 나와 동등한 인격체로 바라보지 않는다. 정리하자면, 예나 지금이나 모두 개인이 자기주장을 할 권리를 간과하고 있다.

그렇다면 자기주장을 할 권리란 무엇일까? 공식적인 권리는 아니지만 모든 사람이 가지고 있는 권리다. 그러나 자존감과 함께 잊히는 경우가 많다. 이 권리는 다른 사람을 짓밟기 위해 사용되는 것이 아니라 다른 사람들과 같은 자리에 서 있다는 것을 인지하는 데 필요하다.

기본적인 자기주장 권리에는 어떤 것이 있는지 보자.

자기주장 권리 목록

- -

1. 존엄성을 지키고 존중받을 권리

2. 나의 감정과 생각을 표현할 권리

3. 내 의견이 진지하게 받아들여질 권리

4. 내가 필요한 것을 판단하고 우선 과제를 설정하고 스스로 결정할

권리

5. 죄책감을 느끼지 않고 "NO"라고 말할 수 있는 권리

6. 원하는 것을 요청할 권리(이때 상대방도 내 요청에 "NO"라고 말할 권리

   가 있다)

7. 의견을 바꿀 수 있는 권리

8. 실수할 권리

9. 정보를 요청하고 받을 권리

10. 돈으로 산 것을 가질 권리

11. 때로는 내 의견을 말하지 않을 권리

12. 독립적일 권리

13. 나의 소유물, 몸, 시간 등을 가지고 무엇을 할지 결정할 권리(물

    론 나의 결정이 타인의 권리를 침해해서는 안 된다)

14. 성공할 권리

15. 즐기고 기뻐할 권리

16. 자기주장을 하면서 휴식과 혼자만의 시간을 가질 권리

17. 나 자신을 비롯해 상대방을 극복할 권리

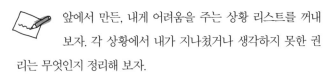 앞에서 만든, 내게 어려움을 주는 상황 리스트를 꺼내
보자. 각 상황에서 내가 지나쳤거나 생각하지 못한 권
리는 무엇인지 정리해 보자.

권리를 죽 읽다 보면 자신도 모르게 '맞아, 그거야, 나도 이미 알고 있던 거야'라고 할지 모르겠다. 그러나 잠깐 생각해 보자. 정말 필요한 순간에 그 권리들을 사용하고 기억할 수 있을까? 심리학자 P. 자쿠보우스키 P. Jakubowski 의 말이 의미심장하다.

"우리가 우리 권리를 자주 저버리면, 상대방에게 우리를 이용해도 된다고 알리는 것과 같다."

미움받을 용기가
필요하다

　1장에서 순종적인 유형, 공격적인 유형, 순종적이며 공격적인 유형 그리고 자기주장을 잘하는 유형의 주요 특징을 살펴보았다.

　잠깐 되짚어 보면 순종적인 사람은 기본적으로 '모든 사람에게 사랑과 인정을 받고 싶다'는 생각을 갖고 있다. 반면 공격적인 사람은 '내가 원하는 대로 일이 안 풀려서 정말 끔찍해'라고 생각한다.

　이러한 생각은 심리학자 앨버트 앨리스Albert Ellis가 작성한 '앨리스의 비합리적인 신념 리스트'에도 포함되어 있다. 비합리적인 신념들의 특징에 대해 간략히 살펴보자.

　사람들에게는 줄곧 가지고 있는 일련의 신념, 믿음이 있다. 이

것은 내면의 깊은 곳에 뿌리박혀 있다. 상황에 따라 그것을 끌어 낼 필요는 없다. 아주 자연스럽게 머릿속에 떠오르기 때문이다. 그것도 아주 빠르게 어떤 의식적인 노력도 없이 그런 말을 했는지 인식하지도 못할 정도로 즉각적으로 나타난다.

대표적인 비합리적인 신념은 자신이 만족하기 위해서는 타인의 지지와 사랑이 필요하다는 것이다. 한 가지 더 예를 들면 자존감이 높으려면 적어도 어떤 한 분야에서 스스로 유능하다고 느껴야 한다는 것이다.

앨버트 앨리스는 정도의 차이는 있지만, 우리가 흔히 가지고 있는 비합리적인 신념 열 가지를 정리한 바 있다. 그 신념들은 어떤 논리를 따르지도, 객관적이지도 않다. 일례로 자존감을 지키기 위해 특정 분야에서 유능할 필요는 없다.

앨리스의 비합리적인 신념 리스트

1. 세상 모든 사람이 나를 사랑하고 인정해야 한다.
2. 내가 유용한 사람이려면 매우 경쟁력 있고 모든 문제를 해결할 줄 알아야 한다.
3. 세상에는 벌을 받아 마땅한 나쁜 사람, 경멸할 만한 사람이 존재한다.
4. 원하는 대로 일이 풀리지 않는다는 건 정말 끔찍한 일이다.

5. 인간의 불행은 외부에서 비롯되고, 인간은 자신의 불만이나 혼란을 조절할 능력이 조금밖에 없거나 전혀 없다.

6. 만약 무언가 위험하거나 두려운 일이 생길 것 같으면, 그 일이 일어난 상황을 상상하면서 계속 염려해야 한다.

7. 어떤 문제에 봉착했을 때 혹은 개인적 문제를 가지고 있을 때 그 문제를 회피하는 것이 직면하는 것보다 훨씬 쉽다.

8. 내 곁에는 믿을 수 있는, 나보다 강한 사람이 항상 필요하다.

9. 과거는 현재 행동을 결정하는 매우 결정적인 요소다. 왜냐하면 과거에 나에게 큰 영향을 준 사건은 앞으로도 영원히 영향을 미칠 것이기 때문이다.

10. 다른 사람들의 문제에 대해 계속 걱정해야 한다.

그러나 우리는 기계가 아니다. 다행인지 불행인지 모르겠지만 서로 사랑하고 증오하고 슬퍼하고 행복해하며 살아가기 때문에 그 누구에게도 이런 신념들을 가지지 말라고 강요할 수는 없다. 그래서 앨리스의 이론을 다른 방식으로 해석하려고 한다. 물론 우리는 누군가의 응원이나 사랑을 받으면 기분이 더 좋아진다. 건강한 자존감을 가지려면 자신이 경쟁력 있고 어느 분야에서 뛰어나다는 느낌을 받는 것도 필요하다.

문제는 이러한 신념 중에서 어떤 것들이 우리의 행동을 억압하는 지경에 이르는 것이다. 예를 들어 타인의 사랑을 받는 것에 목

숨을 건 사람은 무엇을 하든지 간에 상대방의 애정을 얻는 데만 매달릴 것이다. 즉 모든 사람의 마음에 들고 싶어 하는 마음이 강해져 늘 '실망시키면 어쩌지'라는 두려움과 함께 살 것이다. 또한, 타인의 행동과 말을 보고 '너는 나를 좋아하지 않는구나'라고 해석할 것이다.

항상 자신을 경쟁력 있는 사람이라고 느껴야 하는 사람도 같은 문제를 안고 있다. 그는 자신이 가치 있는 사람이려면 무슨 일이든지 잘해야 한다고 믿는다. 그러다 보면 일을 완벽하게 하는 것에 집착하게 되고 어떤 일을 하더라도 결코 만족하지 못한다. 작은 실수에도 크게 자책하고 이루기 힘든, 기대치가 매우 높은 목표를 설정할 것이다. 이처럼 비합리적인 신념이 과장되면 당사자에게 큰 고통을 안겨 준다. 종종 장애로까지 치닫기도 한다.

어떤 사람이 자신에게 가장 중요한 신념으로 앨리스의 1번 신념(세상 모든 사람이 나를 사랑하고 인정해야 한다)을 뽑았다면 그 사람은 자기주장을 잘하기 어렵다. 자기주장을 적극적으로 하면 사랑과 인정을 받으려는 목표를 성취하는 데 위험할 수 있기 때문이다.

공격적인 사람도 자기주장을 마뜩찮아 하기는 마찬가지다. 타인들 앞에서 자신이 지나치게 부드럽게 보일 것이라고 염려하기 때문이다. 머릿속에 앨리스의 3번 신념(세상에는 벌을 받아 마땅한 나쁜 사람, 경멸할 만한 사람이 존재한다)이 뿌리 깊게 박혀 있다면 말이다.

4번 신념(원하는 대로일이 풀리지 않는다는 건 정말 끔찍한 일이다)이 가장 중요한 사람도 자기주장을 잘하기 어렵다. 자기주장을 잘하는 사람은 원하는 것을 얻기 위해 때로는 한 발자국 물러나 인내심을 가지고 상대방의 동의를 기다릴 줄 안다. 하지만 이런 태도는 비합리적인 생각을 하는 경직된 사고방식과는 호환될 수 없다.

비합리적인 신념을 가지게 되는 것은 개인의 잘못이 아니다. 대부분 이러한 신념은 교육을 통해서 형성되기 때문이다. 일례로 우리는 한때 순종이 미덕이라고 배웠지만 지금은 공격적으로 행동해야 성공할 수 있다는 말을 듣는다. 따라서 비합리적인 신념들은 바꿀 수 있는 것이다. 그러기 위해 행동을 취하지 않는다면 그 신념들은 점점 더 견고해질 것이다.

'앨리스의 비합리적인 신념 리스트'를 하나씩 되짚어 보자. 만약 목록에 있는 생각들이 어쩔 수 없이 필요하다고 느낀다면 어떤 행동을 초래할지 생각해 보자.

3

그때 왜 나는
그 말을 못했을까

도대체
나란 인간은

1장에서 설명한 순종적인 성향, 공격적인 성향, 순종공격적인 성향 그리고 자기주장적인 성향은 하나만 온전히 나타나지 않는다. 그래서 어떤 상황에서 자기주장을 하는 데 어려움을 겪는지, 언제 그 어려움이 심리적인 문제로 변하는지 알기가 어렵다. 단순히 앞에서 설명한 그런 현상을 보인다고 해서 문제가 있다고 단정할 수는 없는 것이다.

어떤 사람이 소극적이고 사교성이 없다고 치자. 그런데 그 사람이 자기 모습에 만족하고, 주변 사람들을 괴롭히지 않고 잘살고 있다면 별다른 문제가 없는 것이다. 그가 바라지 않는다면 변화를 강요할 필요가 없다. 그런데 어느 날 자신의 성격 때문에 어떤 일을 하는 데 어려움을 겪는다면 그때는 자기 성격이란 문제와 직면하게 될 것이다.

문제를 개선하기 위한 노력 역시 매우 다양하기 때문에 지금 여기에서는 설명하지 않겠다(다양한 종류의 자기방어, 자기기만 등이 있다). 중요한 점은, 많은 사람이 의사소통에 어려움을 겪고 있고 그러한 어려움을 해결할 수 있는 다양한 방법이 존재한다는 것이다.

문제 해결을 위해 가장 먼저 할 일은 정확하게 자신의 문제가 무엇인지, 언제, 어디서, 어떻게 그런 문제가 일어나는지 파악하는 것이다. 하지만 실제로는 확실히 알 수 없는 경우가 더 많다. 이 책을 읽고 있는 당신은 이렇게 생각할지 모른다. '나는 어떤 상황에서 자기주장을 못하는지 잘 알아.' 그 말도 맞다. 그러나 문제 원인을 근본적으로 알려면 다음 질문을 통과할 수 있어야 한다. 당신은 당신이 느끼는 문제들이 무엇에 좌우되는지 알고 있는가? 같은 문제가 특정 인물과 상황에 따라 나타나는가 아니면 매번 나타나는가? 당신의 행동에 영향을 미치는 비합리적인 신념이 무엇인지 잘 알고 있는가?

어떤 문제를 단순화하려면 불필요한 요소들을 솎아 내야 하는데, 그러려면 어떻게 해야 할까? 먼저 바로 생각하는 것이다. '내가 왜 이런 행동을 했는지 정말 모르겠어!' 이런 생각이 바탕에 있어야만 문제를 제대로 파악할 수 있다. '이건 이미 나도 알아', '난

나 자신을 너무 잘 알아서 분석 따위는 필요 없어' 같은 생각에 휘둘리지 않아야 한다.

두 번째 규칙은 문제 행동이 어떤 배경에서 생기는지 관찰해야 한다는 것이다. 그래야만 문제 행동을 바꾸기 위한 올바른 길로 들어설 수 있다.

이 과정을 정리하면 다음과 같다.

- 정확하게 문제 제기를 한다.
- 문제 행동을 둘러싸고 있는 상황에 대한 정확하고 면밀한 관찰을 한다.
- 관찰한 자료를 세밀하게 분석해 문제 행동이 무엇 때문에 계속 나타나고 어떻게 하면 변할 수 있는지 알아낸다.

정확한 문제 제기

먼저, '정확한 문제 제기' 단계부터 보자. 어떤 행동이 문제를 일으키는지 아는 것만으로는 적절한 해결책을 찾을 수 없다. 먼저 명확하고 객관적으로 문제를 제기하는 것이 필요하다. 앞에서 소개한, 자기주장 문제를 겪고 있던 엘레나와 후아나의 이야기를 떠올려 보자(엘레나는 순종적, 후아나는 공격적 유형이었다). 그녀들은 첫 번째 상담에서 자신들의 문제를 말했다.

엘레나

사람들과 대화할 때 문제가 많아요. 도대체 무슨 말을 해야 할지 전혀 모르겠어요. 대화는 곧 끊겨 버리죠. 말하다가 실수라도 할까 봐 아예 말하지 않는 걸 선호하게 됐나 봐요.

후아나

사람들하고 있을 때 제가 왜 그러는지 모르겠어요. 사람들은 항상 제가 그들을 궁지에서 구해 주길 기대해요. 제가 그렇게 하지 않으면 기분 나빠하고 인상을 써요.

얼핏 보기에 둘 다 뭔가 많이 이야기한 것 같지만 사실 아무것도 말하지 않았다. 한마디로 말해서 지금 두 사람이 말한 내용만으로는 문제를 파악할 수 없다.

두 사람의 진짜 문제에 접근하고 그 원인을 파악하기 위해서는 다음 질문들에 대한 답이 필요하다.

- 누구와의 문제인가(어떤 사람이나 구체적인 인물 등): 상사, 동료, 남자, 여자, 아이들 등.
- 언제 일어나는가(시간과 장소): 직장에서 회의할 때, 친구들과 함께할 때, 사교 모임에서, 연인과 함께 있을 때 등.
- 그런 상황에서 내가 가장 많이 걱정하는 것은 무엇인가: 남

의 기분을 상하게 하는 것, 비웃음당하는 것, 바보처럼 보이는 것 등.

- 평상시 어떻게 대처하는가: 문제 상황을 회피한다, 누군가에게 달라붙는다, 아무 말도 하지 않는다, 화를 내고 소리 지른다 등.

- 왜 그 상황에서 자기주장을 못할까(즉, 내가 그 상황에서 자기주장을 하면 어떤 일이 벌어질 것이라고 생각하는가?): 사람들이 나를 받아들이지 않으면 어떻게 하지, 융통성 없는 상사로 비칠까 봐 두렵다, 나를 무시할까 봐 등.

- 내 행동을 바꾸려고 할 때 그 목표는 무엇인가?: 직업적으로 존경받는 것, 나를 좋아해 주는 것, 나를 다시는 쉽게 보지 않게 하는 것 등.

이제 위의 질문들에 하나씩 답을 해 가면서 엘레나의 문제를 다시 생각해 보자.

결혼식이나 회식 자리에서 사람들과 대화하는 것이 너무 어렵다. 나는 사람들에게 결코 먼저 다가가지 않는다. 누군가 먼저 다가와서 말을 걸면 단답형으로 짧게 대답하고 다른 질문은 하지 않는다. 무슨 말을 해야 할지 머리를 굴려 보지만 내 머릿속은 텅 비어 있는 것 같다. 나는 말실수라도 해서 다른 사람의 기분을 상하게 하는 것이 가장 두렵다. 누군가 나에게 다가왔을 때 자연스럽게 대화만 할 수 있어도 더할 나위 없이 좋을 것 같다.

그리고 후아나의 문제는 다음과 같이 제기해 볼 수 있겠다.

직장과 대학에서 (친한 친구들을 제외하고) 사람들과 관계를 맺는 데 어려움이 있다. 항상 그들과 나 사이에는 힘겨루기 문제가 있는 듯하다. 모두 나를 궁지에 몰아넣으려고 작정하고 있는 것 같다. 문제는 내가 그들이 복도에서 속닥거리거나 웃고 있는 것만 봐도 내 욕을 하는 것 같아 기분이 나빠진다는 것이다. 삼삼오오 모여 수군거리는 걸 보면 그들에게 다가가서 내가 바보가 아니라는 걸 증명하기 위해 대처한다. 내가 약한 모습을 보이면 관심 없는 줄 알 것이다. 날 좀 가만히 내버려 뒀으면 좋겠다.

이 정도면 뭔가 분석할 만한 근거가 만들어진 것 같다. 그러나 이것도 충분하지 않다. 무엇이 그런 행동을 유발하는지, 그렇게 하지 않으려면 어떤 절차를 밟아야 하는지 알기 위해서는 더 많은 정보가 필요하다.

앞부분에서 당신이 작성한 리스트에서 가장 걱정되는 상황을 2~3개 골라 보자. 다른 사람에게 한 문장으로 설명할 수 있도록 간략하게 묘사해 보자. 문제를 본격적으로 다루기에 충분한 정보가 제공되었는가?

그렇다면 앞에서 살펴본 질문들에 대답하며 똑같은 상황을 묘사해 보도록 하자. 첫 번째 상황을 묘사한 것과 어떤 차이를 느끼는가? 이 상황을 토대로 문제를 다룰 수 있겠는가?

정확한 관찰

상담 치료를 할 때 내담자를 속속들이 파악하기 위해 네 번 정도 상담을 진행한다. 이 과정에서 내담자에게 문제가 일어났을 때 주변과 내면에 어떤 변화가 일어나는지 파악한다.

이 책에서는 네 번에 걸친 상담을 오롯이 재현할 수는 없다. 하지만 상담할 때 내담자에게 묻는 가장 핵심적인 질문은 요약해서 설명할 수 있다.

보편적으로 행동은 인지, 운동(혹은 외적 행동), 감정 세 부분으로 나뉜다. 이를 토대로 다음 질문들을 제기한다.

인지 부분
• 두려워하는 상황에 직면하기 전에 무엇을 생각하는가?

- 두려워하는 상황이 발생했을 때 나는 어떻게 행동하는가? 어떤 생각을 하고 무슨 말을 하는가?
- 두려워하는 상황이 종료되고 나서 일어난 일에 대해 결론을 내릴 때 나는 어떤 생각을 하는가?

운동 부분

- 두려워하는 상황에서 나는 무엇을 하는가? 침묵하는가? 공격적으로 대답하는가? 상황에서 도망치는가?
- 나는 어떤 사회적 능력을 갖추고 있는가? 이에 대한 정확한 답은 내가 긴장하는 상황과 그다지 긴장하지 않는 상황에서 어떻게 행동하는지 관찰하면 잘 알 수 있을 것이다. 같은 행동을 하는가, 아닌가를 보면 된다.

감정 부분

- 스스로 감당하기 어려운 상황에 부닥치면 어떤 감정을 느끼는가?
- 신체적으로 느끼는 증상들: 가슴 두근거림, 땀, 순간적 시력 상실, 어지러움, 말 더듬거림 등. 이러한 증상들이 내가 행동하는 데 얼마나 영향을 미치는가?
- 주로 어떤 사람들을 두려워하는가?
- 두려워하는 구체적인 상황들의 공통점이 무엇인지 관찰해 보

자. 같은 장소인지, 같은 종류의 상황인지(형식적인 모임, 일상적인 모임, 파티, 회의 등), 같은 사람들이 있는지 등을 관찰하자.

• 나를 진정시키는 것은 무엇인가? 나를 더 확신에 차게 하는 것은 무엇인가? 긴장하게 만들고 불안하게 하는 것은 무엇인가? 어떤 사람 혹은 어떤 반응, 몸짓, 말이 영향을 미치는가?

물론 위의 질문만 가지고 상담을 준비할 수는 없다. 하지만 자기주장 문제를 고민하는 독자에게는 최소한 새로운 태도를 갖도록 도움은 줄 것이다.

앞의 리스트에서 체크한 가장 걱정되는 상황 2~3개에 답을 해 보자. 분명히 지금까지 깨닫지 못했던 몇 가지 문제점을 발견할 수 있을 것이다. 더 좋은 결과를 위해 여러분 자신을 더 많이 관찰하는 것이 필요하다.

위의 질문에 정확하게 답하려면 문제 행동이 언제, 어떻게, 어떤 조건에서 발생하는지 관찰해야 한다. 아울러 그런 행동을 할 때 머릿속에서 어떤 일이 벌어지고 있는지도 관찰해야 한다.

나는 앞에서 상담을 할 때 네 번 정도 면담을 하고, 그때마다 내담자들에게 일종의 숙제를 내준다고 했다. 일주일 동안 자신을 관찰하고 그것을 기록해 와 보고하게 하는 식이다. 자기관찰을 잘하는 완전한 설명서는 없다. 다만 자신을 직접 관찰해 보고 싶어 하는 분들을 위해 몇 가지 팁을 주려고 한다. 내가 상담할 때 활용했던 기록 몇 가지도 예시로 보여 주겠다.

속속들이
나 파헤치기

    종종 자기관찰만을 통해서 행동을 바꾸는 사례도 있다. 이런 경우는 소위 말하는 관찰의 '반응성'에 해당한다. 때때로 반응성은 부정적이기도 하다. 자신의 문제 행동에 너무 신경을 쓰다 보니 오히려 그 행동에 점점 더 강박적인 태도를 보일 수 있다. 그러나 자기관찰을 정확하고 올바르게 실행하면 대개 이런 부작용은 일어나지 않는다. 게다가 앞에서 말한 강박적인 태도 같은 부정적인 행동 변화도 사라질 것이다.

    그렇지만 자기관찰만으로 행동을 바꾸기를 권하지는 않는다. 자기관찰은 문제가 되는 행동을 바꾸기 위한 전략의 첫 번째 관문으로 활용하는 것이 좋다. 그 어떤 경우에도 관찰만으로 행동을 바꿀 수는 없다.

한 사람의 내적·외적 행동을 관찰하려면 보통 3~4주 정도의 시간이 필요하다. 이것보다 적은 시간으로는 문제 원인 파악을 위한 충분한 정보를 얻을 수 없다. 자칫 섣부른 결론을 도출할 위험성이 있다. 그렇게 되면 잘못된 방법으로 문제 행동을 바꾸려고 시도하거나 여태껏 그랬던 것과 다름없이 행동하게 될 가능성이 크다. 문제를 해결하는 데 전혀 도움이 되지 않는 것이다. 오히려 최악의 경우에는 해결책이 없다는 생각에 좌절하고 무기력해질 수 있다.

평가지와 자기기록

자기 행동을 정확히 관찰하게 도와주는 두 가지 방법이 있는데, 평가지 쓰기와 자기기록이다. 평가지는 문제의 주요 증상, 발생 빈도, 발생하는 상황 같은 데이터를 객관적으로 살펴볼 수 있게 해 준다. 자기주장에 관한 물음도 많이 들어가 있다. 평가지를 통해 힘든 상황에서 느끼는 불편함의 강도와 긴장감의 종류를 관찰하는 것도 흥미로울 것이다.

자기관찰을 도와주는 또 하나의 방법은 자기기록이다. 자기기록을 제대로 분석하는 법만 배운다면 어려움을 해결할 열쇠도 찾을 수 있다. 자기기록은 종이 한 장에 자신의 문제 행동이 발생할 때마다 그 행동 요인과 주변 조건을 기록하는 것이다. 3~4주 동안 초기 관찰에 쓰인다. 그리고 문제 행동 치료가 진행되는 동안 치료 효과가 어떻게 나타나는지 파악하는 데도 요긴하게 쓰인다. 치료가 실패했을 때 그 이유를 분석해 보고, 다음 치료를 성공적으로 진행하려면 무엇을 참고해야 할지 알려 준다.

표준이 되는 자기기록 방법은 존재하지 않는다. 중요한 것은 자기기록이 겉으로 드러나 보이는 행동(공개되는 행동)과 겉으로 드러나 보이지 않는 행동(생각과 감정)을 관찰하고 기록하는 방법이라는 것을 인지하는 것이다.

이번 장의 끝부분에 다양한 자기기록 모델을 소개하겠다. 각자 추구하고 있는 것에 따라 기록해야 할 요소가 다르다. 즉 기록하려는 행동이 변화시키려는 행동의 전인지, 중간인지 아니면 완료된 후인지에 따라 기록해야 할 항목이 다르다.

어느 단계의 행동을 기록하든지 간에 반드시 들어가야 할 요소들이 있는데 다음과 같다.

- 주기: 문제 행동이 나타나는 주기. 즉 하루, 일주일, 한 달에 몇 번 나타나는가? 매 순간 나타나는가 아니면 어쩌다 한 번 나타나는가? 어떤 요인에 영향을 받을 때 나타나는가?
- 강도 또는 심각성: 문제 행동이 나타날 때의 강도와 심각성. 당사자가 자신의 문제 행동이 나타날 때 그것을 심각하게 받아

들이는지 아닌지가 중요하다. 객관적으로 볼 때 심각한지 중요한지는 중요하지 않다. 당사자가 자신의 문제 행동을 심각하다고 받아들이면 생각에 영향을 미치고 결론적으로 감정과 행동에도 영향을 끼치기 때문이다.

문제 행동의 강도를 정확하게 기록하기 위해 행동 강도를 낮은 등급에서 높은 등급으로(1~5까지) 몇 단계로 설정하면 좋다. 아니면 간단하게 심각함/중간/가벼움 정도로 기록해도 좋다.

- **구체적인 행동**: 문제 행동이 나타났을 때, 내적·외적 행동 측면에서 어떤 구체적인 행동을 취했는지 기록한다. 즉 문제 행동을 일으킬 때 취한 행동, 생각한 것, 그리고 신체적·정서적으로 무엇을 느꼈는지 기록한다.

위에서 말한 항목 외에도 문제 행동이 자신의 내면과 외면에 어떤 영향을 끼쳤는지, 또 다른 사람들에게는 어떤 영향을 끼쳤는지 그리고 자신에게 숨겨져 있는 비합리적인 신념, 개선하고 싶은 문제점 등은 무엇인지도 기록할 수 있다.

이 자기기록의 장점 중 하나는 과거 상황을 상기할 필요가 없다는 점이다. 과거 상황은 때로 본질을 왜곡시키기도 하는데, 자기기록은 지금 일어나는 일들을 기록하기 때문에 정보에 대한 신뢰성이 매우 높다.

그러려면 정확한 기록을 하는 것이 매우 중요하다. 당사자는 문제 행동과 관련된 어떤 일이 일어나면 그때그때 성실하게 기록해야 한다. 매일 기록 양식을 가지고 다니면서 꼼꼼히 기록하면 매 순간 어떻게 변화해 왔는지를 파악하게 하는 객관적인 자료를 갖게 될 것이다. 규칙적으로 기록하지 않으면 오로지 기억에만 의지해야 되는데 이는 이미 다양한 연구에서 증명된 것처럼 매우 부정확한 자기관찰 방법이다.

유의 사항을 잘 지키더라도 사람들은 때때로 자기 행동을 부정확하게 기록한다. 자신에게 보내는 비이성적인 메시지가 너무 강력해서 가끔 보이는 것을 왜곡하는 경향이 있다. 특히 그것이 자신에게 영향을 주고 있다면 내면에 있는 어떤 비합리적인 신념과 직접 맞물리게 되는 것이다.

예를 들어 남의 웃음거리가 되는 것을 지나치게 두려워하거나 다른 사람들이 나를 어떻게 생각할지 계속 걱정하는 사람은 어쩌면 '다른 사람들이 내가 불안해하고 있었다는 걸 알아차렸다', '모두 나를 이상하게 쳐다보았다' 그리고 '얼굴이 빨개졌다'고 기록할지도 모른다. 기록한 모든 상황이 실제로 일어났는지에 대한 어떤 객관적인 증거도 없다. 문제 행동은 그늘에 가려지고, 그 사람은 부정적인 면만 바라보게 된다. 결국 어느 정도 기록을 진행하다 보면 기분이 나빠지고 만다.

가장 이상적인 방법은 자기기록을 하면서 동시에 자신이 믿을 수 있는 사람에게 제3자의 측면에서 보았을 때 자신의 행동이 어땠는지 말해 달라고 하는 것이다. 물론 그 사람이 매 순간 붙어 있을 수는 없다.

그러나 한 번만 그렇게 해 봐도 자신에게 현실을 왜곡하는 경향이 있는지 아니면 객관적이고 현실적으로 직시하려는지 판가름할 수 있다. 제3자는 가능하다면 동반자, 부모님, 형제자매, 믿을 수 있는 친구와 같이 다양한 상황을 공유하는 사람 중 하나가 좋다.

여기에 몇 가지 자기기록 예시를 소개한다. 모두 자기주장 문제 때문에 나를 찾아온 사람이다.

자기기록 No. 1

날짜: 2007. 4. 6

- **상황**: 밤늦게까지 영업하는 약국에서 줄을 서 기다리고 있었다. 한 남자가 다가와서 내가 그 줄의 마지막 사람이냐고 물었다(실제로 내가 제일 끝에 있었다). 그러고는 느닷없이 내 앞에 있던 여자 앞으로 쑥 끼어들면서 약사에게 자기는 소화제만 사면 되고 돈도 정확히 가지고 왔다고 말했다. 우리 얼굴은 보지도 않은 채 말했다.

- **상황 발생 전 생각:** 얘가 귀찮게 하네. 줄 보면 몰라? 말 시키는 걸 보니 은근슬쩍 새치기하려는 거 아냐? 앞 사람한테 더 붙어서 못 끼어들게 해야겠다.

- **상황 중간 생각:** 무슨 말을 해야겠는데, 모두 가만히 있으니 먼저 말 꺼내기가 그렇네. 어쩌면 저런 식으로 말하면서 끼어드는 게 그렇게 이상한 행동은 아닌가 본데? 실제로 누구의 시간을 빼앗는 건 아니니까…. 하지만 모든 사람이 저 사람처럼 행동하면 내 차례는 영원히 오지 않을 수도 있어. 뭐라도 해야 돼.

- **상황 완료 후 생각:** 내가 정말 바보 같았어. 뭔가 말했어야 했는데. 다른 사람도 모두 나처럼 황당해하고 있잖아. 그렇다고 해서 그게 내 침묵에 대한 변명이 될 수는 없지. 모두 침묵하니까 저렇게 낯짝 두꺼운 사람이 점점 늘어나는 거야.

- **불편함의 강도와 종류:** 높다. 약국에 있는 동안 내내 바보가 된 느낌을 받았다.

- **결과:** 상황이 종료된 후에도 꽤 오랫동안 상황을 다시 생각

했다. 바보처럼 가만히 있었던 스스로를 원망했다. 온종일 그 상황이 생각났고, 자신이 싫었다.

이 자기기록은 상황을 세 단계로 나눠 상세히 기록했다. 다음에 나오는 자기기록은 종이 한 장에 다양한 상황을 기록할 수 있다는 것을 보여 준다.

자기기록 No. 2

상황	행동	생각	감정	영향
군부대 앞에 있는 바에서 나오는데, 한 군인이 바 앞에서는 주차할 수 없다고 말했다.	아주 언짢은 표정으로 군인들에게 나에게 어디에 주차하고 말지를 말해 줄 필요 없다고 대답했다.	군인이면 군인이지, 자기가 뭐라고 남의 일에 참견이야?	분노	군인은 매우 당황스러워했다. 한참 후 미안한 마음이 들었다.
교통 체증이 심한 날이었는데, 어떤 운전자가 얌체같이 내 앞으로 끼어들었다.	창문을 열고 소리 지르며 욕을 했다. 손가락으로 외설적인 제스처까지 취했다.	너만 바쁜 게 아니라 다들 바쁘다고…. 쪼다 아니야?	너무 화가 나서 뒤쫓아 가고 싶은 마음이 굴뚝같았다.	그 사람은 자기 길을 갔고 그의 차는 곧 내 시야에서 사라졌다.

날짜	상황	행동	실행한 행동에서 만족스러운 점	실행한 행동에서 개선이 필요한 부분	전반적 평가: 좋다/ 보통이다/ 나쁘다
6월 11일	교수회	몇 번 발언을 했다.	내가 하고 싶은 말을 더듬거리지 않고 잘 표현할 수 있었다.	말하는 내내 괴로웠다. 심장이 두근거리고, 식은땀도 났다.	보통이다.
9월 3일	9월 시험	컨닝하는 사람을 발견해서 고발하자, 당사자가 항의했다.	내 자리에서 그에게 제대로 대답하며 상황을 잘 넘겼다.	목소리가 떨렸는데, 상대방이 알아차린 것 같았다.	좋다.

앞에서 작성한 상황 리스트에서 2~3개의 문제 상황을 선택해라. 그 상황은 당신의 문제가 될 것이며 지금부터 그것을 토대로 작업해 보자. 당신에게 알맞은 자기기록 모델을 만들거나 앞에서 소개한 자기기록 모델 중 하나를 선택해도 좋다. 앞으로 3~4주 동안 당신이 선택한 상황이 발생할 때마다 꼼꼼히 기록하자. 자기기록을 통해 실질적인 효과를 보려면 매우 진지하게 기록해야 한다. 모든 것을 그때그때 있는 그대로 정확히 기록하는 것이 중요하다.

자기기록에 대해 좀 더 설명하기 위해 후아나와 엘레나가 직접 작성한 자기기록을 살펴보겠다.

자기기록 No. 1

- -

- **상황**: 직장 동료들과 회식

- **상황 전 생각**: 회식 자리에 안 가면 얼마나 좋을까. 하지만 가기 싫다고 말하면 나를 설득하려고 할 것이다. 도망치고 싶어 하고 왕따당하는 듯한 느낌을 주고 싶지 않다. 분명히 회식을 즐기지는 못할 것이다. 술을 마시면 기분이 조금 좋아질 수도 있다. 나도 편안하고 유머 있고 활동적인 사람이 되어 모든 동료와 즐겁게 이야기하고 싶다. 하지만 경직된 사람으로 비치고 공통 대화 주제도 찾지 못할까 봐 두렵다.

- **상황 전개 중 생각**: 나는 촌스럽게 돌처럼 굳어 있다. 음식을 먹기 위해 움직일 수조차 없다. 쉬지 않고 떠들어 대는 동료 옆에 곰팡이처럼 붙어 있다. 회식 자리를 즐기는 거의 모든 사람처럼 나도 즐겁다는 걸 보여 주어야 한다. 내가 에스더를 졸졸 따라다닌다는 걸 사람들이 알아차린 것 같다. 에스더가 가면 내가 혼자 남는다. 나를 불쌍하게 여길 것이다.

아, 이 악몽이 어서 끝났으면! 빨리 이곳에서 벗어나기만 바랄 뿐이다.

- **상황 종료 후 생각**: 언제나처럼 모든 게 똑같았다. 항상 내게 일어나는 일이다. 나는 파티 문화에 맞지 않는다. 다들 기억 상실증에 걸려 나에 관한 모든 것을 잊어 주면 좋겠다. 비록 모두 나를 '촌년'이라고 생각하는 그 이미지를 바꿀 수는 없겠지만.

- **불편한 정도와 종류**: 회식 내내 구토가 올라올 것 같았고 몹시 긴장되었다. 무슨 말을 해야 할 때면 말을 더듬거린다. 불편함의 정도가 매우 높다.

- **결과**: 다음 날 나를 이상하게 보는 사람은 아무도 없었다. 모든 것이 평상시와 똑같았다.

자기기록 No. 2

- -

- **상황**: 수업이 끝나고 강의실을 빠져나가는데, 크루스 교수님이 차로 나를 집까지 태워다 준다는 말을 안 한다.

- **행동**: 아무 말도 하지 않았지만 대놓고 언짢은 표시를 했다. 기분 나쁜 표정을 지으며 무슨 말을 하면 대답하지 않았다. 결국, 문을 쾅 닫고 나가 버렸다.

- **생각**: 사람들이 귀찮다. 다른 사람은 몰라도 크루스 교수님은 나를 귀찮게 하지 않으면 좋겠다. 절대 잊지 말아야 할 사실이 있다. 내가 누구에게 잘해 주지 않으면 누구도 나에게 무언가를 기대하지는 않을 것이다. 내가 할 일은 내 일에만 신경 쓰는 것이다. 어떻게 되든 말든 그건 그들 사정이다.

- **감정**: 매우 화가 난다. 입맛도 없다.

- **영향**: 앞에서 말한 것처럼 거의 아무것도 먹지 않는다.

1번은 엘레나가 작성한 것이고, 2번은 후아나가 작성한 자기기록이다.

4

할 말은 하면서
무시당하지 않는 기술

자기선언문

자기주장을 잘하기 위한 훈련을 시작할 때, 먼저 인지·감정·운동으로 구성된 행동의 구조를 염두에 두어야 한다. 그래야 관찰된 문제 행동이 어느 단계에서 촉발되었는지 정확하게 분석할 수 있기 때문이다.

자기주장이 부족한 행동은 개인이 가지고 있는 스키마 schema *에서 비롯되었을 가능성이 크다. 또한 정확하게 의사소통을 할 수 있는 기술 부족과 과다한 불안감도 원인이 될 수 있다.

● 외부 정보를 조직화하고 인식하게 하는 일종의 메커니즘. 사람들은 새로운 정보를 접했을 때 기존에 자신이 갖고 있던 스키마와 비슷한지 아닌지를 판단한다. 따라서 새로운 지각은, 기존의 스키마에 새로 유입된 정보로 구성된다.

보통 인지·감정·운동 세 요소가 복합적으로 얽혀서 잘못된 행동을 유발한다. 이 중 특별히 중점적으로 다뤄야 하는 것을 정해 먼저 훈련하는 것이 좋다. 인지·감정·운동 향상을 위한 기술은 아래와 같다.

- 인지 재구성 기술
- 대인 관계 기술
- 불안 감소 기술

인지 재구성 기술

인지 재구성 기술은 자기주장 훈련에만 사용되지 않는다. 상담 치료에서 보편적으로 쓰이는 방법이다. 인지 재구성 과정을 자세히 살펴보자.

1단계: 각자의 신념 들여다보기

개인이 가지고 있는 신념은 대부분 유아기 때부터 형성되어 내면에 깊숙이 뿌리박는다. 그런데 그 신념이 비합리적일 때가 문제다. 어떤 순간에 자동적으로 튀어나와 문제를 일으킨다. 하지만 모든 신념이 비합리적인 것은 아니다. 예를 들어 '우정은 매우 중요한 가치이고 그러므로 보존해야 한다'는 신념은 상당히 합리적이다. 그리고 이런 합리적인 신념은 셀 수 없이 많다. 즉 한 사람의 머릿속에는 합리적인 신념과 비합리적인 신념이 함께 공존한다.

여기서 한 가지 질문을 던진다. 생각과 감정 중에서 무엇이 먼저일까? 즉 우리의 생각 때문에 기분이 나빠지는 것일까 아니면 감정 때문에 우리가 잘못된 방식으로 생각하게 되는 것일까? 보통은 후자에 더 공감한다.

하지만 인지 심리학에 따르면 실제로는 그렇지 않다. 내면에 깊숙이 뿌리박힌 믿음이 현실을 더 낙관적으로 더 비관적으로 더 파괴적으로 바라보게 한다. 그래서 어떤 사건이 발생했을 때 우리는 특정 감정으로 반응하게 되는 것이다.

2단계: 자기기록을 통해 자신만의 생각 인식하기

자기기록을 바탕으로 자신만의 고유한 생각을 인식하려면 3~4주 동안 기분이 나빠질 때마다 꼼꼼하게 기록을 해야 한다. 얼핏 보기에 어려워 보이지만 그렇지 않다. 당장은 특정 상황에서 자신이 정확하게 무슨 생각을 하는지 말할 수 없을지도 모른다. 하지만 조금만 더 연습하면 당신을 덮치는 단어와 말과 생각에서 핵심을 거를 수 있게 될 것이다.

이를테면 자동적으로 '바보가 된 것 같아 불편했다'는 말이 떠오를 수 있다. 다른 사람이 정말 자신을 바보라고 생각하는지 아넌지는 알 수 없다. 하지만 자신이 바보처럼 보인다고 해석하고 있다. 그리고 그런 생각은 '다른 사람들이 나를 이상하게 생각할까 봐' 혹은 '내가 바보처럼 보일까 봐' 같은 두려움을 유발한다.

3단계: 비합리적인 신념 파악하기

위와 같은 생각들을 분석해 각각의 생각이 어떤 비합리적 신념에서 비롯되는지 살펴보자.

보통 사람들은 내면에 2~3개의 비합리적 신념을 갖고 있다. 이런 비합리적인 신념은 자동적으로 외부에 표출된다. 먼저 자동적으로 떠오르는 생각을 면밀히 관찰하면 그 사람이 어떤 비합리적인 신념을 가졌는지 파악할 수 있다. 또 비합리적인 신념 탓에 잘못된 결론을 도출해 내 얼마나 고통받고 피해를 보는지 분석할 수 있다. 이를 바탕으로 비합리적 신념들이 가지고 있는 논리를 파악해 어떻게 하면 비합리적 신념들을 현실에 알맞은 신념으로 바꿀 수 있을지 논의할 수 있다.

비합리적인 신념을 파악하는 것이 가장 중요하고 긴 시간이 필요하므로, 상담치료사의 도움을 받는 게 좋다. 누구나 어느 정도 이성적인 사고를 하므로 자신의 생각 기저에 깔려 있는 논리 혹은 논리의 부재를 알아차릴 수는 있겠지만, 그 사실을 받아들이는 것은 매우 어렵기 때문이다. 인지 재구성 훈련을 시작하는 많은 사람이 머릿속으로는 이해하지만 마음으로 받아들이지 못해 어려움을 겪는다.

4단계: 대체 신념 찾기

이 단계는 자신에게 해가 되었던 신념 대신 더 논리적이고 합리적인 신념을 모색하는 것이다. 상담치료사가 그 신념을 찾도록 도와야 한다. 이때 대체 신념이 너무 일반적이거나 이성적이면 내담자가 믿지 않고 시큰둥해할 수 있다. 그러면 큰 효과를 거두지 못한다. 단순히 내담자 생각과 반대되는 것을 대체 신념으로 말하는 것은 전혀 도움이 되지 않는다. '모두 날 바보로 생각할 게 분명해'라고 생각하는 사람이 단번에 '모두 날 보고 감탄할 거야'라고 생각할 수는 없기 때문이다. 그런 대안은 전혀 믿기지 않아 받아들여지지 않는다.

무조건 긍정적으로 생각하라고 말하는 것도 피해야 한다. "상황이 정말 끔찍해요. 절대 고개를 들 수가 없어요"라는 사람에게 "당신은 불평할 권리가 없어요. 인생은 그 자체로 아름다워요. 알고 보면 당신은 정말 운이 좋은 사람이랍니다"라고 말한다고 상상해 보라.

대체 신념이 꼭 긍정적인 메시지일 필요는 없다. 오히려 더 현실적이어야 한다. 때로는 잘못된 방식으로 행동했다는 것을 인정하게 해야 한다. 그렇다고 해서 그 결과에 대해 너무 속상해하거나 근거 없는 죄책감을 느끼게 해서도 안 된다.

이 단계에서도 몇 주가 소요될 수 있다. 이 기간에 다양한 논증을 시도해 봐야 한다. 그리고 그 과정에서 효과적인 것을 고르고 다듬어 기분이 나빠지는 상황마다 응용이 가능한 대체 신념 목록을 완성해야 한다.

5단계: 선택된 논증 실행하기

인지 재구성의 마지막 단계로 가장 어렵다. 선택된 이성적인 논증들을 실행해야 하므로 반드시 끈기가 필요하다. 내담자는 비논리적으로 생각하고 비합리적인 논증에 매우 익숙하다. 그래서 자연스럽게 비합리적 신념 쪽으로 생각이 흐른다.

고통을 유발하는 상황이 발생할 때마다 의식적으로 합리적인 신념을 고집스럽게 끄집어내려고 노력해야 한다. 합리적인 신념들이 어느 정도 내부에 자리 잡고 나면, 고통스러운 상황이 발생하는 순간에 그 생각을 끄집어내면 된다.

상담 치료 과정에서 내담자에게 합리적인 신념을 체득하고 굳건히 다지도록 상상하기, 시각화하기 등의 기술을 제공한다. 이 과정은 몇몇 내담자가 상담 초기에 두려워하는 세뇌와는 차원이 다르다. 자신에게 부정적인 영향을 유발하는 신념과 생각들을 좀 더 이성적이고 현실적인 생각으로 변형시키는 과정이다.

지금까지 인지 재구성의 일반적인 과정을 간략히 살펴보았다. 지금부터는 자기주장 문제에 인지 재구성 기술을 어떻게 적용할 수 있는지 실제 사례를 통해 자세히 살펴볼 것이다. 여기서는 엘레나의 자기주장 문제를 예로 들겠다(그녀의 행동 패턴은 수동적이었다).

1단계: 신념 들여다보기

상담치료사는 내담자에게 전달하고자 하는 메시지를 제대로 이해시키기 위해 스키마와 그래픽을 활용한다. 엘레나도 여느 사람들처럼 한 가지 의구심이 있었다. 새로운 스키마가 내 성격을 완전히 바꿔 더는 내가 아닌 다른 사람이 되는 것은 아닐까?

그렇지 않다. 새로운 스키마는 비합리적인 자기 신념을 대체할 뿐 자신의 본질에서 벗어나지 않게 한다. 내용은 그대로이되 그 내용을 표현하는 방법이 바뀌는 것이다. 즉 내담자에게 나쁜 영향을 끼쳤던 비합리적인 자기 신념의 찌꺼기들을 제거하는 과정이다.

2단계: 자신만의 생각 인식하기

앞서 말했듯이 이 단계는 자기기록을 통해서 이뤄진다. 내담자는 매주 상담치료사를 찾아와 기분이 나빠질 때마다 머릿속을 스치는 생각들을 자신이 얼마나 인식하고 있는지 설명한다. 자기기록을 할 때는 다음과 같은 질문이 긴요하다. 지금 나는 기분이 나쁜가? 슬픈가? 아니면 화가 나는가? 엘레나가 작성한 자기기록의 일부를 살펴보자.

상황	행동	상황	신체적 증상
이사회의. 나는 회의 내용을 정리해 회의록을 작성해야 했다.	최대한 잘하려고 애쓴다. 그러나 정말 내가 제대로 하고 있는지 조바심이 난다. 계속 임원들의 눈치를 본다.	이사회의. 나는 회의 내용을 정리해 회의록을 작성해야 했다.	점점 더 심해지는 두통. 손이 떨림.
퇴근하고 집에 왔다. 피곤하고 지쳐 있는데 엄마가 소리를 지르며 책장을 다른 곳으로 옮기라고 한다.	내 생각을 드러내지 않고 엄마가 시키는 대로 한다.	퇴근하고 집에 왔다. 피곤하고 지쳐 있는데 엄마가 소리를 지르며 책장을 다른 곳으로 옮기라고 한다.	그 순간에는 아무런 증상을 보이지 않는다. 내 방에 가서 많이 운다. 절망적으로 운다.

엘레나는 이미 '앨리스의 비합리적 신념 리스트'(71쪽 참조)에 익숙하다. 엘레나에게 자기기록을 통해 자신의 생각에 내재되어 있는 비합리적 신념을 하나하나 구분해 내라고 제안했다. 엘레나는 기분 나쁜 상황에서 떠오르는 생각을 분석하는 데 익숙해지기 위해 그 자리에서 그때그때 분석하려고 노력했다. 이런 식으로 자기기록을 여러 번 실행하고 나서 마침내 자기 내면에 깊숙이 자리

한 비합리적인 신념 두 가지를 알아냈다.

첫 번째 비합리적 신념은 4번(원하는 대로 일이 풀리지 않는다는 건 정말 끔찍한 일이다)이고, 나머지 하나는 6번(만약 무언가 위험하거나 두려운 일이 생길 것 같으면, 그 일이 일어난 상황을 상상하면서 계속 염려해야 한다)이다.

이 두 비합리적 신념에 근거해 엘레나의 자기기록을 분석했다. 그 비합리적 신념들이 자신과 자신을 불편하게 하는 상황에 어떤 영향을 끼치고 있는지 파악했다. 그 신념들의 논리성과 현실성에 대해서도 분석했다.

예를 들어 '이 문제는 절대 해결되지 않을 거야'라고 했을 때 그 말은 현실성이 있는가? 어떻게 나는 이 문제가 결코 해결되지 않을 거라는 걸 알지? 실제로 어떤 일이 벌어질지 모르는 상황에서 그런 생각을 하게 되면 어떻게 될까? 나에게 도움이 될까? 아니면 나를 더 기분 나쁘게 할까? 그리고 내가 대안을 찾는 것을 어떻게 방해할까? 등 질문을 이어 나갔다.

상황	생각	비합리적인 생각
우리 형제들은 엄마에게 너무 심하게 대든다. 내가 중재하려고 하지만 성과가 없다.	문제가 전혀 해결되지 않는 걸 보면 내 역할을 제대로 수행하지 못하고 있는 것이 분명하다. 나는 항상 그렇다. 상담 치료를 받아도 절대 변하지 않을 것이다.	'만약 무언가 위험하거나 두려운 일이 생길 것 같으면…'. (신념 6) '과거는 현재 행동을 결정하는…'. (신념 9)

그녀는 자신이 갖고 있는 생각들의 논리성과 합리성에 대해서도 메모하고 분석했다. 중요한 것은 상담 치료를 여러 차례 받은 후, 엘레나가 외부의 도움 없이 혼자 작성했다는 것이다.

상황	생각	비합리적인가?	생각 종류
매니저가 주최한 회식 (크리스마스 기념)	나는 많은 사람 앞에서 제대로 말을 할 수 없을 것이다. 너무 떨린다. 말실수를 할 게 분명하다. 사람들은 나를 교양 없는 사람이라고 말할 것이다.	비합리적이다. 이런 자리에서 만나는 사람들은 내 말이 옳고 그른지 따지지 않는다. 게다가 내가 결코 변하지 않을 거라는 것은 누구도 알 수 없는 사실이다.	'세상 모든 사람이 나를 사랑하고….' (신념 1) '만약 무언가 위험하거나 두려운 일이 생길 것 같으면…' (신념 6)

3, 4단계: 비합리적인 신념 파악해 대체 신념 찾기

앞에서 말했듯이 이 단계는 실행하기가 가장 어렵지만 실제로 극복하는 것은 꽤 쉬운 편이다. 일단 합리적인 범위에서 대체 신념들만 작성한다. 거기에서 자신에게 가장 유용한 것들을 선택하면 된다. 대체 신념을 즉흥적으로 빠르게 만들라는 것은 결코 아니다. 오히려 대체 신념은 차분하고 침착한 상태에서 떠올려야 한다.

이 단계는 본인에게 유용한 생각들을 모색하는 과정이지, 그 생각들을 학습하고 익숙하게 하는 단계는 아니다. 엘레나의 경우 회사의 다른 비서들과의 모임에서 처음에 '결코 사람들 앞에서 내 생각을 표현할 수 없을 거야. 나는 왜 무언가 말하려고 할 때 경직되고 마는 걸까?'라고 했다. 그리고 다음의 대체 신념들을 만들어 냈다.

'나는 노력했지만 만족할 만한 결과를 얻지는 못했어. 작은 모임에서는 긴장감을 극복하게 되었어. 하지만 더 어려운 상황을 대비해 꾸준히 노력해야 해.'

이런 생각은 매우 이성적이고 논리적으로 보인다. 그러나 경험이 많은 상담치료사라면 진정성이 없다는 것을 단번에 눈치챈다. 말하자면 너무 교과서적이고 인위적이다.

사실 엘레나도 '잘 보이기 위해서' 그리고 '상담치료사가 내준 과제를 제대로 잘할 수 있다는 걸 보여 주려고' 그렇게 썼다고 인정했다. 그녀가 100퍼센트 공감하고 느껴서 만든 자기선언문은 아니었다. 나는 엘레나에게 대체 신념은 남이 듣기 좋은 말이 아니라 자신에게 얼마나 유용한지가 가장 중요하다는 사실을 이해시켰다. 그러자 한결 더 솔직한 자기선언문을 써 왔다.

'오늘은 내가 생각했던 말을 할 수 없었다. 하지만 최근에는 종종 성공하기도 했다. 제대로 말을 못했다고 죄책감을 느낄 필요는 없다. 게다가 사람들은 내가 하는 말을 분석하지도 않는다.'

자신을 불편하게 하는 생각들을 분석하고, 유용한 대체 신념을 찾기 위해 자기기록을 계속하는 일이 힘들지도 모른다. 하지만 어느 정도 시간이 지나면 어떤 신념이 자신에게 적합한지, 어떤 자기선언문이 자신을 안정시키는지 깨닫게 된다.

엘레나의 경우에는 고통스러운 상황과 반대되는, 자신이 올바르게 행동한 상황을 상상하면 기분이 좋아졌다. 자신이 두려워하는 실체가 객관적이고 실질적인 것인지 혹은 자기 두려움의 결과인지 분석하는 것도 큰 도움이 되었다.

아래층에 사는 여자가 자기네 집에 물이 샌다며 내게 항의하러 왔다. 나는 아무 말도 할 수 없었다. 괜히 말을 잘못해서 이상한 사람으로 취급받을 것이 두려웠다.

엘레나는 이런 상황에서 다음과 같은 생각에 빠지는 경향이 있다.

난 겁쟁이야. 이런 상황을 결코 감당하지 못할 거야. 아마 그 여자는 나를 이상한 사람으로 생각할 거야.

엘라나가 침착하게 상황을 되돌아보고 나중에 작성한 대체 신념은 다음과 같다.

잘 생각해 보면 이웃집 여자는 나한테 그다지 중요하지 않다. 어차피 서로 잘 모르는 사이라 내가 어떤 부류의 사람인지 평가할 처지가 못 된다. 아직 내 이미지를 개선할 수 있는 여지가 있다. 다음번에는 어떻게 행동할지 미리 준비하고 편안하게 행동해야겠다.

5단계: 선택한 대안 일상생활에 적용하기

수차례 자기기록 훈련을 하고 난 뒤 엘레나는 이제 더는 대체 신념들을 고심하지 않는다. 비합리적인 메시지가 나타날 가능성이 있는 상황에 직면하면 그 대체 신념들을 자연스럽게 끄집어내서 말할 수 있게 되었다. 이 정도 단계에 이르면 자기기록지에 생각을 기록하지 않고 결과만 기록한다.

상황	실천한 것 중에서 만족스러운 점	개선해야 할 점	전반적인 평가 잘했음-보통임-개선이 필요함
집에서 친척들과의 모임(생일파티)	모든 사람과 대화를 했다. 다양한 그룹에 다가갔고 혼자 있는 사람들에게도 다가가 대화를 시도했다.	대화를 시작하는 것이 어려웠다. 말실수를 할까 봐 계속 걱정되었다.	보통임
직장 동료들과의 대화(카페에서)	짧게라도 말을 할 수 있었고, 다양한 의견에 대해 단음절로 호응을 표시하거나 긍정적인 몸짓을 보였다.	가끔 다른 사람들의 시선을 지나치게 의식하는 내 모습을 발견했고 화가 많이 났다.	좋음

나는 엘레나에게 인지 재구성 기술과 아울러 자기주장 행동을 향상시키기 위한 매우 구체적인 사회 기술도 가르쳐 주었다. 이런 도구들이 없었더라면 엘레나의 행동은 개선되지 못했을 것이다. 모든 사람이 그러하듯이 엘레나는 동기를 유발하는 생각을 작성하기 위해 어느 정도 자신만의 성취감을 느껴야 했다.

자신만의 고유한 대체 신념을 찾는, 몇 가지 이성적인 방법도 제안한다.

순종적 · 공격적인 생각을 대체하는 방법

순종적인 생각의 문제

비합리적인 신념 1번과 2번이 빈번하게 나타난다(71쪽 참조).

<u>비합리적인 신념 1</u> (세상 모든 사람이 나를 사랑하고 인정해야 한다)

전형적인 행동

- 자기 생각이나 개인적인 바람을 표현하지 않는다.
- 다른 사람이 자신의 권리를 침해하더라도 갈등하고 싶지 않아 묵인한다.
- 다른 사람에게서 인정받기 위해 많은 에너지를 소비한다.

* 감정(긍정적 감정/부정적 감정)을 억제한다.

이성적인 대체 신념

* 모든 사람의 마음에 들 수는 없다. 나도 어떤 사람은 좋고 어떤 사람은 싫다. 마찬가지로 다른 사람들도 나에 대해서 그럴 것이다.
* 나한테 소중한 어떤 사람이 내 행동을 인정하지 않을 경우, 운이 나쁘다고 한탄하는 대신 그렇게 하지 말라고 할 것인지 결정할 수 있다.
* 모든 사람의 마음에 들려고 하면 너무 많은 에너지를 소비해야 한다. 그리고 항상 원하는 결과를 얻을 수는 없다. 다른 사람들이 원하는 것에 맞추거나 호응해 주기보다는 정말 내가 하고 싶은 것이 무엇인지 생각하고 결정할 수 있다.
* 거부 표시를 받았을 때 그것이 정말인지 아니면 내가 성급하게 해석하고 있는 건 아닌지 생각해 봐야 한다. 만약 정말이라면 그것이 나의 부적절한 행동 때문인지 아닌지 또한 살펴봐야 한다. 만약 내 행동이 부적절하지 않았다면, 그러한 행동을 해도 문제가 되지 않는 다른 사람들을 찾아야 한다.

비합리적인 신념 2 (내가 유용한 사람이려면 매우 경쟁력 있고 모든 문제를 해결할 줄 알아야 한다)

전형적인 행동

- 자신의 능력을 보여야 하는 상황에서 지나치게 초조해한다.
- 다른 사람에게 흥미로운 이야기를 하지 못하거나 할 말이 없어지는 상황이 두려워 사회적 교류를 피한다.
- 실패할 것이 두려워 유쾌한 사회 활동을 피한다.
- 실수하는 것이 두려워 말을 아끼고, 겉보기에도 수동적이고 폐쇄적이다.

이성적인 대체 신념

- 어떤 상황에서는 완벽하고 싶겠지만 꼭 그럴 필요는 없다.
- 나의 가치는 내 행동의 결과와 전혀 상관이 없다. 어떤 것을 좀 잘한다고 혹은 더 못한다고 해서 나의 가치가 떨어지는 것은 아니다.
- 모든 것을 완벽하게 하려고 시도하면 결코 행복해질 수 없다. 항상 압박감에 시달릴 것이다. 그런 생각을 '적당하게 하자'로 대체해야 한다.
- 모든 일에 완벽하고 경쟁력 있는 사람은 세상에 없다. 왜 나는 불가능한 것을 나에게 요구하는가?

공격적인 생각의 문제

비합리적인 신념 3번과 4번이 빈번하게 나타난다.

__비합리적인 신념 3__ (세상에는 벌을 받아 마땅할 나쁜 사람, 경멸할 만한 사람이 존재한다)

전형적인 행동

- 대놓고 사람들에게 공격적으로 행동한다. 타인의 무능력을 공개적으로 비판한다. 다른 사람들에게 나쁘게 행동하고 그런 행동에 대해 둔감하다.
- 다른 사람들의 행동에 항상 불순한 의도가 있을지 모른다고 의심한다.
- 모든 사람을 좋은 사람과 나쁜 사람으로 나눈다.
- 어떤 사람이 잘못을 저지르면 용서할 수 없는 큰 실수를 저질렀다며 그 사람의 가치를 깎아내리고 비난받아 마땅한 사람으로 간주한다.

이성적인 대체 신념

- 나에게 상처를 주었다고 해서 그 사람이 꼭 나쁜 사람은 아니다.

- 누군가를 벌 줄 때 쓸데없이 에너지를 많이 소비하게 된다. 내가 벌을 준다고 해서 그 사람이 바뀌는 것도 별로 없다.
- 어떤 사람이 불공평하고 잘못된 방식으로 행동했다고 해서 앞으로 계속 그러리라고 확신할 수는 없다. 또 그 사람이 나쁜 사람인지도 알 수 없다. 그 사람이 행하는 일과 그의 존재를 혼동해서는 안 된다.
- 자신이 보기에 어떤 것이 잘못되었다고 해서 정말 그게 잘못된 것은 아니다. 하나는 내 생각이고 또 하나는 현실이다.

비합리적인 신념 4 (원하는 대로 일이 풀리지 않는다는 건 정말 끔찍한 일이다)

전형적인 행동

- 작은 일에도 크게 화를 낸다.
- 신세 한탄을 자주 하거나 끊임없이 다른 사람에 대해 불평을 한다.
- 일어나고 있는 일에 대해서 그리고 무엇보다 변화 앞에서 편협한 태도를 보인다.
- 인생, 사람, 운명에 대해 비통하게 말한다.

이성적인 대체 신념

- 이번에는 잘 안 되었지만 그렇다고 해서 재앙을 입은 건 아니다. 극복하고 살아남을 수 있다.
- 지금 상황이 마음에 들지 않는다면 어떤 해결책도 내지 못하는 공격적인 행동보다는 어떻게 하면 상황을 바꿀 수 있을지를 고민하겠다.
- 공격적으로 행동하면 에너지를 지나치게 소비하게 되고, 내가 공격하고 있는 상황과 상관없이 결국 모두 내게서 등을 돌리게 될 것이다.
- 어차피 바꿀 수 없는 상황이라면 내가 공격적으로 행동해도 바꿀 수 없다고 생각해야 한다. 공격적인 행동은 단기적으로는 안도감을 줄 수 있지만, 장기적으로는 상황을 있는 그대로 받아들이는 게 훨씬 좋다.

자기선언문

인지 재구성 기술을 자기주장 실천에 적용하는 일반적인 방법은 습득한 합리적인 신념을 자기선언문으로 변형하는 것이다. 이 기술은 심리학자 도널드 마이켄바움Donald Meichenbaum 이 살면서 마주치게 되는 난관을 극복하기 위한 방법으로 고안한 '스트레스 면역 훈련법'의 기준을 따르고 있다. 자기선언문은 그 기술 중 일부분이다.

우리는 끊임없이 생각하고 결론을 내린다. 생각하는 동안에 의식적으로 노력을 해야만 행동을 멈추고 상황을 분석할 수 있다. 바에 들어가 술 한 잔을 시키거나 급여 인상을 요구하거나 외식을 위해 외출하거나 등 어떤 상황에서든지 자기주장이 확실하게 요구되는 상황에 놓였을 때 다음 네 가지 단계를 거친다.

상황 시작 전 단계

아직 상황이 시작되지는 않았지만 직면할 마음의 준비를 하는 단계이다. 예를 들어 모임에 가기 위해 집을 나서기 전의 시간 같은 것이다.

상황 시작 단계

바에 막 들어섰거나, 사장의 방에 들어선 직후, 배우자에게 인사하기 위해 다가가는 순간 같은 사건의 시작 초기 단계다. 성공 혹은 실패했던 전에 경험한 유사한 상황이 떠오르며 자극, 걱정, 두려움의 감정이 생겨나는 순간이다.

긴장 단계

이 단계는 항상 발생하는 것은 아니다. 상황은 매우 차분하게 정상적으로 진행될 수도 있다. 그러나 일단 긴장 단계가 나타나면 이후 상황에 영향을 미치기 때문에 당사자에게 아주 중요한 의미가 있다. 이 상황은 불안감이 나타나는 단계다. 이때 개인의 의식 속에 깊게 박혀 있던 비합리적인 신념들이 떠올라 일상적인 행동들이 왜곡된 모습으로 나타난다.

상황 종료 이후의 단계

우리가 긴장하든 편안한 상태이든 상관없이 이 단계는 일어난 일에 대한 결론을 스스로 끌어내는 단계이다.

각 단계마다 갖게 되는 생각과 느낌은 그 상황 속에 있는 우리의 행동과 감정에 절대적인 영향을 준다. 따라서 네 단계 모두 중요해 어느 것이 특별히 더 중요하다고 말할 수 없다. 다만 긴장 단계는 항상 발생하는 것은 아니라는 점을 염두에 두어야 한다.

네 단계가 중요한 이유

상황 발생 전에 느끼는 감정은 종종 과거의 경험이나 비슷한 상황에서 느낀 것의 혼합물이다. 그래서 상황이 시작되기 전에 우리는 곧 닥치리라 예상되는 새로운 상황에 대처하기 위해 자신의 자원을 가늠하고 이에 따라 그 상황을 쉽게 대처할 수 있을지 아니면 다소 어렵게 겪게 될지 판단한다. 우리가 새로운 상황을 맞앉을 때 대처하는 힘의 75퍼센트는 상황 발생 전에 가지고 있던 생각에서 비롯된다.

최악의 상황을 떠올리면서 두려워하면 여기서 살아서 빠져나갈 수 없으리라 낙담하거나 자신에게 불안감을 주는 사람과 요소에 지나치게 좌우된다. 마치 도살장에 끌려가는 소처럼 어쩔 수 없이 그 상황과 마주하게 될 것이고, 이는 우리의 태도와 행동에 그대로 반영될 것이다.

상황 시작 단계에서 자신에게 어떤 말을 하는지가 매우 중요하다. 이 단계에서는 상황이 시작되기 전에 생각했던 것을 확인하거나 부정해 주는 요소들이 나타난다. 두려움을 느끼는 사람이 자신이 두려워하는 대상을 볼 때(혹은 보인다고 믿을 때), 즉 두려운 사람이 실제로 앞에 나타나면 우리는 생각의 파도에 휩쓸리게 된다. 이 생각 대부분은 비합리적인 생각이라서 매우 고통스럽다. 십중팔구는 긴장감과 극도의 불편함을 느낄 것이다. 즉 상황이 막 시작되는 단계에 대한 평가에 따라서 이후의 행동과 태도도 달라질 것이다.

긴장 단계에 들어서면 생각은 중구난방으로 머릿속을 헤집으며 급하게 튀어나올 것이고 불안감이 정신을 지배한다. 이 순간이 매우 중요한데, 단순히 비논리적인 언행을 해서가 아니라 현재와 이후 다른 상황들에 어떻게 대처할지 그 행동에 많은 영향을 주기 때문이다. 사실 여기서 긴장감보다 더 중요한 것은 우리가 경험하는 느낌이다. 다시 말하자면 이 순간을 자신이 어떻게 평가하느냐에 따라 이어지는 상황들이 달라질 것이다.

마지막으로 상황이 종료된 후에 자신에게 하는 말은 미래에 경험하게 될 상황에 영향을 미친다. 한 상황의 '이후' 단계는 다음에 다가올 상황의 '이전' 단계라고 말할 수도 있다. 만약 어떤 상황이 좋지 않은 결과로 끝났다. 그리고 매의 눈으로 아주 소소한 부분까지 빼놓지 않고 분석해 그 상황에 대한 부정적인 결론을 내리게 되었다고 가정해 보자. 그 경우 미래에 이와 유사한 경험(혹은 아주 다른 상황일지라도)을 하게 된다면 좌절감과 불안감을 갖고서 대할 수밖에 없을 것이다.

인지 재구성 기술을 자기주장 영역에 적용하면 앞의 네 단계에서 반복되는 자기선언문을 자기보고를 통해 분석할 수 있다. 자기선언문에서 추려 낸 기본적인 내용에서 비합리적인 신념을 찾아내고, 그 신념이 우리의 행동과 능력에 미치는 영향을 분석하는 것이다.

이런 방식으로 비합리적인 자기선언문을 더 합리적이고 현실적인 다른 유형의 선언문으로 대체할 수 있다. 그렇게 되면 모든 상황을 더 편하게 직면할 수 있는 차분함과 용기를 얻게 된다. 이런 선언문은 4~5단계를 초과하지 않아야 한다. 처음에는 암기하거나 약간은 강제적이고 인위적인 방법으로 학습해야 한다. 그리고 그것을 끈기 있게 반복함으로써 자연스럽고 일상적인 것으로 만들어야 한다.

부정적인 감정들도 이런 방식으로 여러 번 반복하면 회복된다. 사실 이 방법보다 마음을 진정시키는 데 도움이 되는 것은 없다고 확신한다. 원하는 결과를 얻으려면 먼저 이론을 믿어야만 한다.

효과적인 자기선언문을 더 쉽게 만들기 위해 각 단계에 알맞은 생각을 고안할 때 참고해야 하는 기준이 있다. 이러한 기준을 토대로 자신에게 가장 적합한 자기선언문을 찾아야 한다. 다음과 같은 자기선언문들이 있다.

상황 시작 전 단계의 자기선언문

- 두려운 생각에 저항하는 선언문
  : 이것만 생각하면 나는 기분이 나빠진다. 내가 기분이 나빠지는 것은 전적으로 내 생각 때문이다.
- 해야 할 일에만 집중하게 하고 온갖 다른 생각으로부터 멀어지게 만드는 선언문
  : 내가 대항해야 하는 것은 정확하게 무엇일까? 구체적으로 이번에는 어떻게 문제를 해결해야 할까?
- 문제를 회피하지 않고 대항하겠다는 결심을 상기시켜 주는 선언문
  : 나는 내가 그 문제에 대항할 수 있다는 것을 알고 있다. 나에

게는 충분한 능력이 있다. 단지 내 생각이 나를 마비시키고 있을 뿐이다.

상황 시작 단계의 자기선언문

• 대항 전략을 상기시키는 선언문

: 지금이 바로 내가 알고 있는 것을 적용할 때다. 마음을 편안하게 먹고 나를 진정시키는 말을 나에게 해 주자.

• 자신이 하는 일에 집중하게 만드는 선언문

: 다른 상황에 대해서는 신경 쓰지 말아야지. 나는 지금 당장 하는 일에만 집중할 거야.

• 자신의 대항 능력을 강화하는 선언문

: 지난번에도 잘 해냈어. 이번에 극복하지 못할 이유가 있나?

긴장 단계의 자기선언문

• 상황이 끝날 때까지 견딜 수 있게 힘을 주는 선언문

: 지금은 상태가 좋지 않지만 나는 회복할 수 있어.

• 패배주의적인 생각을 억제하는 선언문

: 나는 좀 거리를 두고 나 자신을 냉정하게 관찰할 거야. 내 생각에 휩쓸리지 않을 거야.

• 대항의 선언문

: 무엇을 해야 하지? 긴장을 풀고, 심호흡하고 반응하거나 그렇

게 행동할 수 있어….

상황 종료 이후 단계의 자기선언문

• 성공이든 실패든 긍정적으로 문제에 대항하고자 했던 시도를
   높이 평가하는 선언문
: 괜찮아, 도전했다는 것만으로도 성과를 거둔 거야. 다음 기회
   를 위해 여기서 내가 배울 점은 무엇일까?
• 비록 미미했더라도 작은 진전을 인정하는 선언문
: 지난번보다 조금 더 진전이 있었어. 이만큼 왔잖아….
• 모든 종류의 자책을 없애 버리는 선언문
: 스스로를 비난하거나 자책하면 다음에 더 불안해질 거야. 자
   책은 내게 전혀 도움이 되지 않아.

순종적인 성격의 엘레나 경우를 통해 엘레나가 자신에게 보낼
수 있는 자기선언문과 그것을 다른 선언문으로 바꾸었을 때의 변
화를 알아보자.

엘레나는 오랜만에 대학 동기들과 함께 영화를 보고 술을 한잔
하기로 했다.
상황에 직면하기 전, 그녀는 집에서 쉬고 있었다. 그녀는 오후
에 일어날 일을 생각하면서 자신에게 말했다.

모두 대화를 나눌 것이고 나는 언제 대화에 끼어들 수 있을지 정확히 알 수 없을 거야. 내가 이런 모임에 능숙하지 못하다는 것을 잘 아는데 과연 갈 필요가 있을까? 게다가 만약 안하무인 막말 전문가인 푸리가 온다면, 난 망했어. 아마 말 한마디도 못할 거야. 누가 나에게 동기들과 영화를 보러 가라고 떠미는 것도 아닌데, 뭐하러 가? 집에 있는 게 훨씬 편해.

이런 생각이 엘레나의 기분에 어떤 영향을 미치는지 질문하자 그녀는 이렇게 대답했다.

초조해져요. 생각만 해도 배가 아프고요. 대화가 시작되면 두렵고 온몸이 마비될 거예요. 언제나 그렇듯이 같은 생각이 내 머리를 지배하겠죠. 이번에도 말 한마디 못하겠구나.

상황이 시작되고, 좀 늦는 동기들을 기다리며 먼저 도착한 친구들이 서로 인사하는 동안에 엘레나는 두려움을 느꼈다고 했다. 그리고 자신에게 다음의 말을 되뇌었다.

정말로 푸리가 왔네. 이제 어떻게 하지? 내가 걱정했던 것처럼 모두 무리를 지어 있네. 어떻게 끼어들지? 누구하고 이야기하지? 오후 내내 한마디 말도 못하고 바보처럼 있게 될 거야. 정말 창피해.

이런 생각이 그녀에게 미치는 영향은 아주 명확했다.

몸이 경직되고 마비되는 것 같아요. 누군가 내게 접근하면 완전히 머리가 하얘져서 무슨 말을 해야 할지 몰라요.

누군가 그녀에게 질문했고 모두 몸을 돌려 그녀에게 시선을 집중하면서 답변을 기다릴 때, 긴장 단계가 시작된다. 엘레나는 머릿속이 하얘지고 경직된다. 제대로 된 생각을 할 수 없고 그저 다음과 같은 생각만 떠오를 뿐이다.

말을 해야 해. 어서, 아무 말이라도 해 봐! 그런데 뭐라고 질문했지? 뭔가 말해야 해! 모두 날 보고 있잖아. 내가 이상한 사람인 걸 알아차린 거 같아. 어서 빨리 여기서 빠져나가야겠어.

그리고 마침내 상황이 지나고 난 후, 엘레나는 집에 돌아와 그날 일을 생각하면서 자신에게 말했다.

이럴 줄 알았어. 다 알고 있었다니까. 항상 똑같은 일이 일어나니까. 난 정말 끔찍하게 바보스러웠어. 또 뻘쭘하게 바보짓하고 나온 거야. 난 구제 불능이야. 다음에는 절대로 안 나갈 거야. 변명거리를 만들어서라도 절대로 나가지 말아야지.

마찬가지로 그런 생각들이 엘레나에게 미친 영향도 명백하다.

확실하게 모든 게 생각대로 벌어졌다. 이런 상황을 피하면 피할수록 난 끔찍한 패배감에 빠지고 내 사회적 관계에 좌절감을 느껴.

엘레나는 자신을 마비 상태에 빠지게 하는 말 대신 자신에게 다른 어떤 말을 할 수 있었을까?

나는 먼저 그녀가 스스로에게 하는 생각과 거기에서 비롯되는 피해를 인식해야 했다고 말했다. 이어서 그녀에게 예시가 될 수 있는 대체 신념 리스트를 건네주고, 자신에게 설득력 있는 대체 신념 리스트를 만들어 보라고 제안했다. 엘레나의 부정적인 생각을 분석했더니 다른 무엇보다 자책감이 그녀를 더 경직되게 만들고 있었다. 그래서 그녀에게는 애정 어린 어조의 대체 신념이 필요했다(물론 그녀 자신에게 설득력이 있어야 했다). 엘레나는 다음의 대체 신념 리스트를 만들었다.

시작 전 단계의 대체 신념

- 내 생각이 상황을 악화시키는 촉매다. 내가 마비될 거라는 생각 때문에 정말로 그렇게 될지도 모른다.
- 얼마나 끔찍할지 생각하는 대신에 친구들에게 다가가는 순간부터 끝까지 내가 지나가야 하는 과정들만 생각할 것이다.

말을 꼭 할 필요는 없다. 다른 능력을 활용할 수 있다고 생각한다면 기분이 나빠질 이유도 없다.

시작 단계에서의 대체 신념

- 내게 두려움을 주는 것을 관찰하는 대신에 내게 안정감을 주는 집단이나 사람이 있는 곳을 찾겠다.
- 그 순간에만 집중하고 다른 것은 생각하지 않겠다. 긴장을 풀고 심호흡을 하고 대화를 듣는다. 입가엔 미소를 지으면서.
- 지난번에 효과가 있었으니 이번에도 효과가 있을 것이다.

긴장 단계에서의 대체 신념

- 이 상황은 곧 지나갈 것이다. 나는 긴장을 풀고 심호흡을 깊게 하면서 상황이 끝나길 기다릴 것이다.
- 나는 도망가지 않을 것이다. 살다 보면 기분 나쁠 때도 있는 법, 별거 아니다.
- 나는 이런 일이 있을 것을 알고 있었고, 충분히 대처할 수 있다. 미리 생각해 둔 핑계를 대야지(미안하지만 오늘 약간 정신이 없네). 마음이 차분해질 때까지 다른 사람들이 말하는 것이나 들어야겠다.

상황 종류 이후 단계에서의 대체 신념

- 자책감은 전혀 쓸모가 없어. 내가 잘못한 점을 찾으려고 상황을 다시 곱씹는 일은 안 해야지.
- 실패에서도 배울 점이 있어. 앞으로 오늘 같은 상황에 부닥치게 되면 어떻게 처신해야 하는지 배운 것이 뭐지?
- 지난번보다 나는 조금 더 발전했어. 이렇게 나는 조금씩 좋아지는 거야.

엘레나의 사례가 보여 주듯이 자기선언문은 단순히 의지를 다지는 선언이 아니라 각 상황과 직면하기 위한 전략을 동반한다. 단지 생각에 머무르는 것이라면 큰 쓸모가 없다. 예를 들어 시작 단계에서 자기선언문은 먼저 심호흡하고 마음을 차분히 하라고 유도하고 각자에게 딱 맞는 구체적인 전략을 발전시키도록 도와준다. 예를 들면, '미소를 짓고 얘기를 들어 주고', '인사를 나눠라' 같은 행동 강령이다. 긴장 단계에서의 생각은 사전에 준비된 가벼운 말을 하도록 해 주고 혹시라도 경직되거나 말문이 막힐 때를 대비해 정상적인 상황처럼 부드럽게 넘어갈 수 있는 말도 준비하게 한다. '미안하지만, 오늘 내가 약간 정신이 없네'와 같이.

 지금 당신에게 기분 나쁜 감정이나 불안감을 반복적으로 일으키는 상황을 생각해 보고 다음 질문에 답해 보자.

자기선언문의 긍정적 사례와 부정적 사례

어떤 두려운 상황과 직면하기 전에 앞으로 일어날 수 있는 일에 대한 마음의 준비를 할 때 자기 자신에게 말한다.

다음의 말들은 당신의 두려움이나 행동에 어떤 영향을 주는가? 여러분이 자신에게 말하는 선언문은

• 두려운 생각에 저항하게 할 것이다.
• 할 일에만 집중하게 할 것이다.
• 문제를 직면하기로 한 결심을 상기시켜 줄 것이다.

보기:

이 생각을 하니 불안해지네. 날 기분 나쁘게 하는 건 바로 내 생각이다.

가만히 생각해 보자. 내가 직면해야 하는 실체는 정확히 무엇인가? 이번에는 구체적으로 어떻게 이 상황과 직면할 것인가?

나는 직면할 수 있다는 것을 안다. 내게는 그만한 능력이 있다. 나를 마비시키는 것은 바로 내 생각이다.

자신만의 자기선언문을 만들어 보세요

- -

두려운 상황이 시작될 때, 여러분이 스트레스를 받는 모습이 드러날

위기가 왔을 때 자신에게 이렇게 말한다.

나는 이렇게 느낀다.

다음의 말들은 여러분의 두려움이나 행동에 어떤 영향을 미칠까?

여러분이 자신에게 말하는 선언문은

- 직면의 전략을 상기시켜 줄 것이다.
- 그 순간에 하는 일에 집중하게 할 것이다.
- 상황에 직면하는 능력을 강화시켜 줄 것이다.

보기:

지금이 바로 내가 아는 것을 적용할 시간이다. 긴장을 풀고 마음을 진정시킬 자기선언문을 나에게 말할 것이다.

다른 상황에 맞추어 일반화하면 안 된다. 지금 일어나는 일에 집중할 것이다.

과거에 극복했던 일이다. 이번에 극복 못할 이유는 없다. 안 그런가?

긴장 단계에서, 여러분이 절망하고 최악의 것을 두려워할 때 다음과 같은 말을 자신에게 해 보자.

나는 이렇게 느낀다.

다음의 말들은 여러분의 두려움이나 행동에 어떤 영향을 미칠 거라고 생각하는가?

여러분이 자신에게 말하는 선언문은

- 상황으로부터 도망가지 않고 그것이 지나갈 때까지 기다리도록 할 것이다.
- 현재의 순간에 집중하게 할 것이다.
- 상황에 직면하도록 준비시킬 것이다.

보기 :

나는 이 상황이 지나간다는 사실을 알고 있다. 내 마음이 진정될 때까지 기다릴 것이다.

나는 객관적으로 제3자로서 나 자신의 반응을 관찰할 것이다. 나는 내 생각에 끌려다니지 않을 것이다.

무엇을 해야만 하나? 나는 진정하고, 심호흡하고 그런 식으로 행동하고 반응할 수 있다.

- -

상황이 끝나고 난 뒤, 일어났던 일에 대한 결론을 내리면서 여러분은

자신에게 말한다.

나는 이렇게 느낀다.

이런 말들이 여러분의 두려움이나 행동에 어떤 영향을 주는가?
여러분이 자신에게 말하는 선언문은

- 시도(성공했든 실패했든 상관없이)했다는 것 자체를 건설적으로 평가하게 할 것이다.
- 작은 진전 하나하나를 높이 평가하게 할 것이다.
- 모든 종류의 자책감을 제거해 줄 것이다.

보기 :

시도했다는 것 자체가 의미 있다. 다음을 위해 여기서 지금 내가 배울 점은 무엇인가?

지난번과 비교해서 나는 한 발자국 진전했다. 이런 진전이 있었다.

만약 내가 자책을 한다면 그것은 나를 더욱 불안하게 만들 것이다. 자책은 아무 쓸모가 없다.

자신만의 자기선언문을 만들어 보세요

할 말은 하면서
무시당하지 않는 기술

보통 '대인 관계 기술'에 대한 훈련은 자기주장 문제를 가진 사람이 보여 주는 외적 행동을 고치는 데만 초점을 맞추고 있다. 하지만 이렇게 외적인 면만 개선하는 훈련만으로는 어떤 발전을 기대하기 어렵다. 먼저 인지 영역 차원에서 문제를 인식하고 다룬 후에 행동 기술 영역으로 넘어가야 한다.

한 가지 확실한 것은 비합리적인 신념을 갖고 있는 사람은 종종 자기주장이 부족하거나 과해서 부적절하게 행동한다는 사실이다.

적절한 자기주장 능력을 훈련하고 싶은 사람이 알아야 할 첫 번째 요소는 자신이 어떤 구체적인 행동을 보여 줄 수 있느냐다.

다양한 종류의 압박감을 느끼는 상황, 오해나 의심을 풀어야 하는 상황 등에서 사용될 수 있는 자기주장 기술이 있다. 여러분에게 가장 절박하고 어려운 상황이 무엇이냐에 따라서 어떤 유형의 훈련을 해야 할지 정할 수 있을 것이다.

먼저, 흔히 볼 수 있는 자기주장 응답의 유형을 살펴보자.

자기주장 응답의 유형

기본적인 자기주장

: 자신의 이익과 권리에 대해 간단하면서도 명쾌한 표현

이런 형태의 자기주장은 누군가에게 무시당하고, 박한 평가를 받고, 비난받을 때 주로 한다. 만약 다른 사람에게 무시당하고 최소한의 존중조차 받지 못한다고 느낀다면, 결코 가만히 있어서는 안 된다. 그런 상황이 계속되도록 두지 말아야 한다. 즉 당신의 권리를 표현해야만 한다.

당신은 자신이 무시당하는 것을 용인하지 않겠다는 것과 자신에게 그럴 권리가 있다는 것을 표현하기 위해 자신에게 꼭 맞는 편안한 표현 방식을 찾아야 한다. 중요한 것은 말을 할 때, 단호하고 분명한 목소리로 이야기하되 상대방이 공격적으로 느끼지 않는 어조를 사용해야 한다는 것이다.

다음과 같은 예가 기본적인 자기주장 응답이다.

- 아직 내 말 끝나지 않았어요. 끝까지 말하고 싶습니다.
- 제발, 강요하지 마세요. 나는 당신에게 할 수 없다고 이미 말했어요.
- 나도 말 좀 하게 해 줄래? 아직 제대로 말을 하지 않았어.
- 소리치지 마세요. 나도 당신에게 소리 지르지 않고 있어요.

특별히 주의할 점은 자기주장 응답의 단호함을 점진적으로 상승시켜야 한다는 것이다.

상대방이 당신의 주장을 인정하지 않거나 당신의 권리를 무시하려고 해도 위축될 필요는 없다. 자기주장을 하는 것에 대해 '괜히 너무 집착하는 것은 아닐까'라고 생각하며 양보할 이유도 없다. 공격적으로 응답하지 않되 인내심을 가지고 단호하게 대응할 필요가 있다.

예를 들면 '내 말 막지 마세요.', '내 말 끊지 말라고 부탁했습니다. 내가 하던 이야기를 끝내고 싶군요.', '내 말에 끼어들지 마세요. 말을 끝마칠 수가 없네요!', '내 말 좀 끝내게 해 줄래요?' 아니면 '이렇게 계속 내 말을 끊을 건가요?' 등이 있다.

이 부분에서 많은 사람이 품고 있는 의문 하나를 분명히 정리할 필요가 있다. 자기주장이 매우 강한 어떤 사람이 있다고 가정하자. 그가 잘 훈련된 자기주장 기술을 상대방에게 적용하려고 하는데, 상대방은 꿈쩍도 하지 않고 오히려 계속 무시하고 공격적이다. 이런 상황에서 어떻게 해야 할까?

답은 아주 분명하다. 당신은 일정한 한계까지만 다른 사람의 행동에 영향을 미칠 수 있다는 것이다. 그 한계를 넘어서면 그것은 더는 당신 문제가 아니고 상대방 문제이다.

만약에 거리에서 어떤 미친 사람이 흉기를 들고 나를 공격한다면 내가 아무리 신중한 사람이라고 해도 그 공격을 피할 방법이 없다. 자기주장 문제도 마찬가지다. 자기주장이 아무리 강한 사람이라고 해도 상대방이 인정하지 않는다면 그가 적용하려는 기술은 특별히 효과가 있지 않을 것이다. 그가 할 수 있는 일은 자신이 해야 할 일을 명확하게 했다는 자기에 대한 차분한 인정뿐이다. 나머지 일에 대한 책임은 상대방에게 있다.

공감의 자기주장
: 상대방을 인정한다는 것과 당신의 권리와 이익을 관철하기 위한 문제 제기

이런 유형의 응답은 그 이유가 무엇이든지 간에 상대방이 상처받았다고 느끼지 않게 하는 것이 가장 큰 특징이다. 그러면서 자신이 무시당하는 것도 참지 않는 것이다. 공감하는 자기주장은 자기주장 훈련을 시작하기 위한 좋은 기술이다. 먼저 상대방의 입장에 서서 그를 이해할 수 있고, 상대방에게 자신도 같은 권리가 있다는 사실을 확인시켜 줄 수 있기 때문이다.

응답은 다음과 같은 구조를 가진다. '당신이 ~하는 것을 이해

한다. 당신은 그런 권리를 가지고 있다. 하지만…'

예를 들면 다음과 같다.

- 지금 네가 별로 좋지 않은 상황이라 내 노트를 돌려줄 수 없다는 건 이해해. 하지만 나도 내일 그 노트가 급하게 필요해.
- 네 생각 충분히 이해해. 그럴 수 있어. 하지만 내 입장에서도 생각 좀 해 줄래?
- 지금 나랑 파티에 가고 싶지 않다는 건 알겠어. 네 말대로 너는 그렇게 할 권리가 있어. 하지만 나는 너랑 파티에 가려고 준비를 다 끝낸 상태야.

주관적인 자기주장

: 비난이 아닌 상대방의 행동에 대한 묘사

• 자신의 감정에 대한 묘사

• 상대방의 행동이 미칠 영향에 대한 객관적인 묘사

• 상대방에게 바라는 것에 대한 표현

이런 유형의 응답은 상대방이 의식적으로 당신을 공격할 의사가 전혀 없다는 것이 명백할 때 사용할 수 있다. 이 유형의 응답은 아주 교묘하다. 당신에게 이런 응답을 받은 사람은 절대로 당신이 그를 공격한 것이라고 말하지 않을 것이다.

상대방이 당신에게 어떻게 영향을 미치는지 드러내는 것이 그를 공격하거나 그가 당신에게 저지른 잘못을 지적하는 것보다 훨씬 효과적이다. 이런 형태의 자기주장 표현은 부부나 친구들 사이에서 서로 반대의 상황에 처했을 때 적용할 수 있다. 특히 오래전부터 반복되던 상황을 분명하게 정리할 때 효과적으로 사용할 수 있다.

응답의 구조는 다음과 같다.

'네가 ~했을 때 ~하다.', '그러면 나는 ~하게 느낀다.', '그래서 나는 ~ 행동한다.', '나는 ~하기를 선호한다.'

긍정적 자기주장
: 상대방의 좋은 점, 가치 있는 점에 대한 적절한 표현

긍정적 자기주장은 가장 실천하기 쉬운 자기주장 행동이다. 직접 어떤 뜻을 함축하지 않아도 되고, 무언가에 대해 방어할 필요도 없기 때문이다. 상대방의 말이나 행동에 대한 응답이 아니라 공을 던지는 사람이 바로 당신 자신이다. 그렇기 때문에 어떤 행동을 즉흥적으로 할 필요가 없다.

긍정적 자기주장은 간단히 말하면 상대방의 긍정적인 면을 적절한 순간에 적절한 말로 표현하는 것이다.

예를 들면 다음과 같다.

- 새로운 헤어스타일이 참 잘 어울리네요.
- 지난번에 당신이 한 말 정말 좋았어요.

흔히 우리는 긍정적인 것을 일상적이라고 생각하기 때문에 상대방의 좋은 점을 칭찬하거나 상대방에게 찬사를 보내는 것을 잊고 지나가는 경우가 많다. 반대로 비판할 때는 말을 잘 아끼지 않는다. J. V. 보넷은 이렇게 말했다. "칭찬할 준비가 되어 있지 않다면 비판할 권리도 없다." 자기주장 훈련을 통해 이런 태도를 인식하고 의식적으로 개선할 수 있을 것이다.

순종 혹은 공격에 대항하는 자기주장
: 상대방이 스스로 어떻게 행동하고 있는지 깨닫게 한다.
• 상대방에게 자기주장의 행동이 어떤 것인지를 보여 준다.

이런 응답은 무엇보다 적대적인 공격에 대한 방어로 사용된다. 또 자기주장이 약한 사람에게 의심을 풀어 주는 방법으로 사용할 수 있다.

이 유형의 응답은 당신이 말하는 내용을 넘어 상대방이 다른 사람에게 어떻게 행동하고 있고, 그 행동이 대화에 어떻게 방해가 되는지 보여 주는 것으로 구성된다.

예를 들면 다음과 같다.

- 내가 보기에 너는 지금 화가 나 있고 내 말을 듣고 있지 않은 것 같아. 잠시 멈추고 내가 하고 싶은 말을 들어 보면 어떨까?
- 이렇게 해서는 아무런 진전이 없을 것 같아. 우리 서로를 공격하지 말고 번갈아 가면서 말해 보면 어떨까?
- 내게 아무 말도 하지 않으니 약간 혼란스럽다. 네가 하고 싶은 이야기를 조금 더 분명하게 말해 주면 어떨까?

다시 엘레나의 이야기로 돌아가 보자. 그녀는 어머니가 강압적이여서 자기주장을 하는 데 어려움을 겪는 온순한 성격이었다. 그래서 엘레나에게는 어머니의 공격성에 대항하는 자기주장 기술을 적용해 보았다. 다음에 나오는 이야기는 그녀와 나눈 많은 대화를 압축한 내용이다. 그녀는 최근에 훈련한 자기주장 기술을 적용하고 있었다.

참고로, 엘레나는 성인 여성이고 집안일에 대해 의견을 피력할 권리가 있음을 기억하자. 한편 그녀의 어머니는 쓸데없이 돈을 낭비하는 성향이 있다. 무리한 투자를 하거나 집을 수리해서(특별한 이유 없이) 경제적으로 어려워지면 자녀들에게 의존하곤 한다.

대화를 보면서 엘레나가 사용하고 있는 자기주장 응답의 유형을 구별해 보자.

1. 어머니 엘레나야, 집을 좀 고쳐야겠어. 네가 견적을 좀 알아봐라. 여러 명에게 상담하고 견적서를 받아야 한다. 그래야 그 사람들이 우리를 속이지 않지.

2. 엘레나 엄마, 결정하기 전에 의논했으면 좋겠어요. 내 생각에는 우리 집은 고칠 데가 없어요. 게다가 지금은 돈도 없어요.

3. 어머니 글쎄다. 분명히 말하지만 난 집수리를 할 거야. 너는 일단 인테리어 업체를 알아보도록 해. 선택은 나중에 내가 할게.

4. 엘레나 무슨 말인지 알겠어요. 그렇지만 뭘 하기 전에 미리 잘 생각해 봐야 할 것 같아요. 다시 말하지만 지금은 돈도 없고 당장 집수리를 해야 할 필요도 없으니까요.

5. 어머니 왜 그러니? 언제나처럼 또 내 판단을 믿지 못하겠다는 거니?

6. 엘레나 내 행동이 엄마에 대한 불신으로 보인다는 것은 인정해요. 하지만 나도 내 의견을 말할 권리가 있어요.

7. 어머니 그래, 그래. 내가 무슨 말을 하든지 결국 결론은 항상 똑같지. 이 집구석에선 내 말은 아무도 신경 쓰지 않아. 나를 믿지도 않고 내가 하는 건 다 바보짓거리지.

8. 엘레나 이미 말했지만, 이건 엄마에 대한 신뢰의 문제가 아니에요. 나도 내 의견이 있고 그것을 말하고 있는 거예요.

9. 어머니 네가 나한테 무슨 제안을 하는 건지 이해가 안 된다.

집을 고친다는 거니, 아니니?

10. 엘레나 엄마가 처음에 말했던 대로 하면 마치 내가 끌려다니는 느낌이에요. 내 생각은 말할 기회조차 없이 말이에요. 함께 대화를 나누고 합의점을 찾는 게 좋지 않을까요?

11. 어머니 하느님 맙소사. 좋다. 그 문제에 대해 말해 보자.

12. 엘레나 좋아요. 최소한 엄마가 이해해 주시니….

2번 유형이 기본적인 자기주장, 6번은 공감의 자기주장, 10번은 주관적인 자기주장, 12번은 긍정적 자기주장이다.

역할연기법

상담 치료 방법 중 하나로 역할연기법이 있는데, 자기주장 응답 습관을 더 쉽게 익히는 데도 도움이 된다. 즉 직면하기 힘든 상황을 설정해서 실제로 그 상황이 오면 어떻게 행동할지 미리 연습하는 것이다.

먼저 자신이 힘들어하는 구체적인 상황을 선택해야 한다. 대부분 사람이 어려워하는 일반적인 상황을 설정하는 것은 의미가 없다. 자신만의 힘든, 세부적인 상황 목록을 만들어야 한다. 다만 당신이 좋고 나쁜 상황을 구별할 수 없거나 직면해서 해결하기가 힘들어 보이는 큰 사회적 문제인 경우에는 전형적인 상황 목록을

이용할 수도 있다. 그 목록에서 연습할 몇 가지 상황을 선택하면
된다. 목록은 다음과 같다.

1. 누군가 당신에게 무엇인가(책, 음반, 돈 등)를 빌리고 싶어 하지
   만 당신은 빌려 주고 싶지 않다.
2. 누군가 부탁을 하지만 당신은 들어주고 싶지 않다. 예를 들
   면, 상대방은 당신이 어떤 장소에 동행하기를 원한다. 그리고
   거기서 그를 위해 어떤 말을 대신해 주기를 바란다.
3. 누군가 선물을 주는데 받을 준비가 안 되어 있다. 예를 들면,
   가죽재킷이나 너무 비싼 물건.
4. 강의 시간에 교수님이 부당하거나 공격적인 방식으로 당신
   을 부른다.
5. 부모님이 당신이 해야 할 일과 해서는 안 되는 일에 대해 조
   언하려고 한다. 그러나 당신은 스스로 결정하기를 원한다.
6. 당신은 회사에서 적절한 보수를 받길 원한다. 하지만 사장은
   그럴 준비가 되어 있지 않다.
7. 직장에서 어떤 상황에 직면했는데, 상사 의견은 당신과 다
   르다.
8. 모임에 참석하고 있는데 당신이 말할 순서가 되었다. 그러나
   당신의 친구가 말을 못하게 하면서 계속 끼어든다.
9. 당신과 대화를 나누고 있는 상대방이 부적절한 의견을 제시

한다. 예를 들면 인종 차별, 성 차별 등.

10. 배우자가 분노하거나 심각하게 고민하는 것 같은데 당신에게는 아무 말도 하지 않는다.

11. 당신은 바에 앉아 있다. 그러나 그 바의 직원은 다른 손님과의 수다에 정신이 팔려 당신을 신경 쓰지 않는다.

12. 직장 상사가 당신의 업무에 대해 지나치게 비판을 한다. 객관적인 이유도 제시하지 않고 여러 차례나 그렇게 한다.

 지금까지 살면서 앞서 설명한 것과 유사한 상황을 경험한 적이 있는가? 만약 그런 경험이 없다면 이 책의 앞부분에서 설명한 상황 중에서 하나를 선택하라.

어떤 상황인가? 자세히 설명해 보자.

각각의 경우에 어떤 유형의 자기주장 응답을 사용할 수 있는가?

당신은 어떤 유형을 썼을 때 더 좋은 결과를 얻었는가?

연습할 상황을 결정하고 나면 역할연기법으로 치료를 진행할 것이다. 문제 상황을 반복해서 무대화한다. 이때 상담치료사, 내담자(주인공 역할을 할 주체) 및 간호사 등 보조하는 사람들을 적극적으로 활용해 상황극을 더 현실적으로 만든다. 내담자는 평상시 자신의 역할을 맡는다. 이때 새롭게 익힌 자기주장 기술을 그 상황에 적용시킨다. 상담치료사와 보조자는 내담자와 관련된 사람 역할이나 내담자에게 자기주장 문제를 일으키는 사람 역할을 한다.

내담자는 치료사와 보조자에게 실제 상황에서 그 사람들이 어떻게 행동하는지 자세하게 알려 주어야 한다. 그들이 어떻게 말하고 어떤 식으로 자신의 말을 중단시키는지 설명해 실제와 비슷한 상황을 만들어야 한다. 보통 역할연기법은 여러 번 반복된다. 치료사와 보조자는 내담자가 어떻게 행동했는지 피드백을 해 준다. 내담자는 문제 상황을 반복하면서 자신의 행동을 점점 다듬어 간다. 자기주장 기술을 확실히 익히려면 말이 아닌 행동을 정확히 분석하는 것이 중요하다.

역할연기법은 비언어적 행동을 확인하고 교정하는 가장 좋은 방법이다. 1장에서 말했던 것처럼 비언어적 행동(시선, 표정, 몸짓 등)은 언어만큼이나 중요하다. 그래서 비언어적 행동이 자기주장에서 많은 어려움을 일으키는 원인이기도 하다. 따라서 어떤 훈련에서든지 비언어적 행동을 충분히 고려해야 하고, 그 중요성을 과소평가하지 말아야 한다.

자기주장 응답을 확립하기 위한 또 다른 방법은 두려움을 일으키는 실제 상황을 더 정확하게 상상하고 그 상황에 맞게 반응하는 것이다. 여기에서도 마찬가지로 언어적 응답과 비언어적 응답을 고려해야 한다.

어떤 경우든지 자기주장 기술에 대한 이론만 학습하는 것으로는 자기주장을 잘할 수 없다. 이론만으로는 좌절감밖에 얻을 게 없다. 실제 상황에 들어가면 대부분 완벽하게 실패하기 때문이다. 항상 문제를 일으키는 상황을 상상하며 무대를 만들고 미리 연습을 충분히 해야만 한다.

당신에게 문제를 일으키는 상황을 선택하라.
앞에서 설명했던 자기주장 응답의 유형과 내가 이 책에서 줄곧 언급한 자기주장 의사소통 기술을 연구하라.
당신의 문제에 가장 적합한 자기주장 응답을 선택하라.
이제 눈을 감고 당신에게 문제가 되는 상황의 장면을 상상하라. 그 자리에 있는 모든 사람, 그 상황이 벌어지는 장소와 그곳의 실내 장식, 시간, 그곳에서 나는 소음과 냄새, 그곳의 조도 같은 것을 상상하라. 중요한 점은 그 장면에 대한 상상이 가능한 한 실제와 똑같아야 한다는 것이다.
이제 당신이 선택한 자기주장 기술 중 하나를 가지고 그 상황에서 행동하고 있다고 상상하라. 가능한 한 그것을 실제 상황인 것처럼 보려고 시도해라. 당신은 무슨 말을 하고, 어떤 동작을 하고, 어떤 표정을 지을 것인가?
당신이 상상 속 역할에 편안해지면 그 장면을 여러 번 반복해서 연습하고, 상상한 것이 더욱더 사실적으로 적용될 수 있도록 노력해라. 그리고 용기가 나면 실제 생활에서 연습한 것을 시도해보자.
만약 앞에서 선택한 자기주장 응답을 연습할 때 '역할'에 대한

느낌이 오지 않는다면 다른 응답을 선택하거나 선택한 응답을
약간 변형시켜야 한다. 더 적합한 것을 찾으려고 노력해야 한다.
당신이 느끼는 불안감이 너무나 강력하다면, 자기주장 응답 연
습을 위한 상황을 상상하는 것조차 어려울 수 있다. 이런 경우에
는 긴장을 풀어 주는 기술을 먼저 연습해야 한다.

여기서 중요한 것은 당신이 편안하게 느끼는 자기주장 응답 유
형을 찾아내는 것이다. 당신에게 적합하지 않은 것을 억지로 하
려고 하지 말자. 마찬가지로 지나치게 부담스러운 것도 피하는
것이 좋다.

능숙하게 자기주장
잘하는 법

우리는 앞에서 자기주장 응답의 일반적인 형태를 살펴보았다. 그 외에도 여러 응답이 있는데, 이를테면 부탁하기 위한 응답, 심지어 감정을 정확하게 전달하기 위한 응답 등이다. 이제 본격적으로 자기주장 잘하는 법에 대해 알아보자.

반복 설명의 기술

반복 설명의 기술은 가장 널리 퍼진 기술로 자기주장에 관한 거의 모든 책에 나온다. 이 기술의 핵심은 차분하게 자신의 관점을 반복해서 말하는 것이다. 논쟁으로 들어가거나 상대방을 도발하는 말은 전혀 하지 않는다. 다음 예를 보자.

A 언제나 그런 것처럼 당신 잘못으로 우리가 지각하게 되네요.

B 일을 끝내야 했는데 달리 시간을 낼 수 없었어요.(반복 설명)

A 하지만 우리가 항상 지각하는 게 이제 나는 지겨워요.

B 당신 말이 맞아요. 하지만 알다시피 내가 일을 마무리할 시간이 이때뿐이었어요.(반복 설명)

A 그렇지만 언제나 이런저런 이유로 우리를 늘 지각하게 하는 것은 당신이죠.

B 알아요. 하지만 반복해서 말하지만, 이번에는 내 일을 마칠 다른 방법이 없었어요.(반복 설명)

이처럼 반복 설명의 기술은 상대방을 공격하지 않는다. 상대방이 설득될 때까지 혹은 최소한 상대방이 계속 공격해도 소용없다는 것을 깨달을 때까지 반복해서 자기주장을 할 뿐이다.

안개 전략 기술

안개 전략 기술도 반복 설명의 기술만큼 널리 알려진 기술 중 하나다. '가짜 항복의 기술'이라고도 한다. 이 기술은 비판하는 사람이 옳다는 것은 인정하되 주요 논쟁으로는 들어가지 않는 전략이다. 겉으로는 상대방이 옳다고 인정하지만 속으로는 자신의 태도를 바꾸지 않고 그대로 유지하는 것이다. 다음을 보자.

A 언제나 그런 것처럼 당신 잘못으로 우리가 지각하게 되네요.
B 당신 말이 맞아요. 물론 언제나처럼 나에겐 해야 할 일이 있었지만요.(안개 전략 기술)
A 네, 항상 해야 할 일이 남아 있죠. 하지만 당신 때문에 늘 지각하는 게 이젠 지겨워요.
B 맞아요. 우리는 항상 늦게 도착해요.(안개 전략 기술)

상대방은 당사자가 언젠가 바뀌리라 기대한다. 하지만 내가 그 생각을 책임질 이유는 없다.

이 기술을 사용할 때는 목소리 어조에 매우 주의를 기울여야 한다. 너무 딱딱하거나 단호하게 말하면 상대방이 자신을 공격한다고 의심할 수도 있다. 차분하고 약간 유연한 어조를 띠면서 상대방 말을 깊이 생각하는 모습을 보여야 한다(상대방의 비판이 옳다고 생각된다면 실제로 깊이 생각하는 것이 좋다).

자기주장의 연기 기술

이 기술은 우유부단한 사람에게 매우 유용하다. 즉각적으로 빨리 응답하지 못하거나 상황에 압도되어 바로 분명하게 응답하지 못할 때 긴요하다. 이 기술은 당신이 감정을 진정시키고 정확한 응답을 할 수 있을 때까지 상대방에게 답변을 미루는 형식이다. 다음을 보자.

A 언제나 그런 것처럼 당신 잘못으로 우리가 지각하게 되네요.

B 이 문제는 우리가 논쟁할 문제지만 당신만 괜찮다면 지금 얘기하지 않았으면 좋겠어요. 할 일이 있어서요. 내일 아침에 차분하게 얘기 나누는 건 어때요?(자기주장의 연기 기술)

상대방이 계속 논쟁을 하려고 한다면 당신은 계속 당신 주장을 펼치면 된다. 반복되는 대화를 지속하라. 한쪽이 논쟁을 피하려고 하면 논쟁은 불가능해진다.

변화의 진행 기술

변화의 진행 기술은 개인적으로 내가 가장 선호하는 기술이다. 아주 유용하다고 생각한다. 이 기술은 상대방이 적대감을 품거나 자기방어를 하지 않게 한다. 다음을 보자.

A 언제나 그랬듯이 당신 잘못으로 우리가 지각하게 되네요.

B 당신이 왜 그런 말을 하는지 모르겠네요. 당신이 축구 경기를 녹화하기 시작해서 우리가 늦은 거예요.

A 당신 참 얼굴 두껍네! 당신 화장이 금세 끝나지 않는다는 걸 알고 있어서 축구 녹화를 시작했지. 게다가 당신은 내가 항상 문 앞에서 기다리는 것도 알고 있잖아. 언제나 할 일이 수백 가지나 되는 사람은 당신이지.

B 지금 우리 둘 다 아주 피곤한 상태예요. 그 문제로 우리가 지금 다툴 필요는 없지 않아요?(변화의 진행 기술)

이처럼 냉정한 상태를 유지하면서 벌어지고 있는 문제를 정확하게 이해해야 적용 가능한 기술이다. 당신에게 별 의미가 없는 내용에 끼어들지 말고, 당신을 방어하는 데 필요하다고 믿는 것에 빠져들어서도 안 된다. 벌어지고 있는 일을 객관적으로 보고, 당신이 잘못한 부분은 인정하는 것도 매우 중요하다. 칼과 방패로 무장한 채 사소한 공격에도 가시를 드러내고 방어하는 것보다 훨씬 더 효율적이다.

무시의 기술

이 기술은 바로 앞에서 이야기한 변화의 진행 기술과 비슷하지만, 모든 책임이 상대방에게 돌아간다는 점이 다르다. 이 기술은 상대방이 화가 머리끝까지 났을 때, 즉 상대방이 내가 답변할 틈도 주지 않고 흥분해서 욕이 튀어나올 것 같은 험악한 분위기로 대화를 끝냈을 때 적용할 수 있다. 다음을 보자.

A 언제나 그랬듯이 당신 잘못으로 우리가 지각하게 되네요!
B 내가 보기에 지금 당신은 화가 많이 난 것 같아요. 이 문제는 나중에 이야기하는 게 어때요?(무시의 기술)

안개 전략 기술과 마찬가지로 이 기술도 어조를 조절하는 것이 매우 중요하다. 경멸하는 어조, 힐난하는 어조는 상대방의 공격성을 자극할 뿐이다. 상대방은 크게 화를 내며 당신이 자신을 도발했다고 생각할 것이다. 친절하고 감싸 주는 말투로 화가 난 상대방을 존중해 주는 인상을 주는 것이 가장 좋다.

자기주장의 동의 기술

이 기술 역시 안개 전략 기술과 비슷하지만, 그보다 조금 더 발전한 형태이다. 상대방이 화를 낼 때 그의 주장이 옳다는 것은 인정하되, 말하는 방식은 부적절했다고 지적할 때 유용하다. 다음을 보자.

A 언제나 그랬듯이 당신 잘못으로 우리가 지각하게 되네요!

B 맞아요. 내 잘못이에요. 하지만 보통은 내가 시간 약속을 잘 지킨다는 걸 당신도 알고 있잖아요.(자기주장의 동의 기술)

이 기술은 자신의 실수(만약 정말로 실수를 했다면 인정 안 할 이유가 어디 있는가?)를 인정해 상대방을 진정시키는 효과가 있다. 그러나 실수라는 행동 자체와 그것을 저지른 사람을 분명히 구분한다. 일반화하는 경향이 강한 사람에게 이 기술을 사용하면 그에게 '찍히는' 일을 피할 수 있다. 당신에 대한 선입견을 갖고 있는 사람에게도 적용하면 좋을 기술이다.

자기주장 질문의 기술

이 기술은 아주 오래되었다. 적을 아군으로 만들 수 있는 기술이기도 하다. 자신을 비판하는 사람에 대해 '잘 생각해 보고' 그의 비판이 좋은 의도에서 비롯되었다고 생각하게 만든다(그것이 실제 그런지는 상관없다). 모든 일에서 배울 점이 있다는 자세로, 자신을 비판하는 상대방에게 그 근거들이 무엇인지 묻는다. 그러면 그가 무엇을 진짜 원하는지, 자신이 어떻게 바뀌기를 바라는지 명확히 알 수 있다(그것을 받아들일지는 자신이 선택할 문제다). 다음을 보자.

A 언제나 그랬듯이 당신 잘못으로 우리가 지각하게 되네요!

B 내 행동 중에서 당신이 거슬려 하는 것이 정확히 뭔가요? 다시 그런 감정을 갖지 않게 하기 위해서 내가 무엇을 바꾸면 좋을까요?(자기주장 질문의 기술)

상대방이 애매하게 대답하면 더 구체적으로 질문한다. 만약 상대방이 나쁜 의도에서 비판했거나 별 생각 없이 내뱉은 말이라면 대답하기 어려울 것이다. 반대로 고심 끝에 한 비판이라면 더 자세히 말할 것이고, 그건 실제로 당신의 행동을 교정하는 데 도움이 될 것이다. 어떤 경우든 이 기술은 상대방의 전략을 파괴한다. 상대방의 비판에 방어하는 것도, 공격하는 것도 아니기 때문이다(항복하는 것도 아니다. 우리는 단지 질문을 했을 뿐이다).

지금까지 소개한 다양한 자기주장 기술을 적절히 활용하면 대인관계가 한결 좋아질 것이다. 마지막으로 신학자 R. 롬바르디R. Lombardi 의 조언을 남긴다.

"증오나 앙심 때문에 누군가를 비판해야 할 절박감을 느낀다면 당신의 감정이 진정되고 적당한 때가 될 때까지 그리고 확실한 비판을 할 수 있을 때까지 입을 다물고 있어야 한다."

불안할 때는
호흡 한번

여기서는 자기주장을 잘하기 위한 세 번째 기술 '불안 감소 기술'에 대해 다룬다.

자기주장을 잘 못하는 사람들은 사회생활을 하거나 대인 관계를 맺을 때 심한 불안감에 시달린다. 그래서 때때로 완전히 또는 부분적으로 몸과 마음이 마비되어 적절한 행동을 취하지 못하는 경우가 많다. 여러 기술을 잘 배우고 이성적인 대체 신념을 되뇌어도 그렇다.

이처럼 불안감이 자기주장을 못하게 하는 원인이 되기도 한다. 극도로 긴장했을 때, 불안감 때문에 머릿속이 하얘져 제대로 행동하기 힘든 사람은 다른 기술을 연습하기 전에 불안감 줄이는 기술을 먼저 연습할 필요가 있다. 긴장 완화법과 호흡법이 그 기술에 속한다.

긴장 완화법

기본적으로 긴장을 완화하는 방법에는 두 가지가 있다. 심리학자 에드몬드 제이콥슨Edmund Jacobson 의 점진적인 완화법과 심리학자 요하네스 슐츠Johannes Schultz 의 자율훈련법(자율긴장이완법)이 그것이다. 여기서는 전자만 살펴보려 한다. 이 방법은 기본적으로 다양한 근육을 이완시킴으로써 정신적인 이완도 얻는 것이다.

사람은 대부분 일상생활에서 자신의 어떤 근육이 긴장돼 있는지 모른다. 점진적인 완화법을 실행해 보면 자신의 몸에서 다른 근육보다 더 많이 긴장된 근육들을 찾을 수 있다. 또한 긴장과 이완의 감각 차이도 구별할 수 있게 된다.

점진적인 완화법에서 사용되는 근육은 크게 보면 다음 네 가지이다.

- 손, 앞쪽 팔, 이두근.
- 머리(두피, 귀, 관자놀이, 이마), 얼굴, 목 근육. 부분 불안감과 관련된 근육은 대부분 이 주변에 있다.
- 가슴, 허리, 위와 복부의 근육. 위와 복부는 긴장되면 예민하

게 반응하는 중요한 부분이다.

- 허벅지, 엉덩이, 종아리와 발.

제이콥슨의 긴장 완화법은 크게 두 단계로 이루어져 있다.

첫 번째 단계에서는 긴장된 근육과 이완된 근육을 구별하는 법을 배운다. 의자에 앉아 3~4초 동안 특정한 근육에 긴장을 주었다가 점차 그 부분의 긴장을 푼다. 그러면서 근육의 긴장 상태와 이완 상태의 차이점을 느껴 본다. 이런 식으로 일상생활에서 더 많이 긴장된 근육들을 구별해 내는 방법을 배운다.

두 번째 단계에서는 어떤 근육이 긴장되어 있는지 정확히 구별해 본다. 긴장과 이완을 느끼기 위해 근육을 긴장시킬 필요 없이 바로 긴장된 근육을 이완시킨다.

무척 간단해 보이지만 긴장 완화법은 많이 연습해야 제대로 실행할 수 있다. 완전히 익숙해질 때까지 꾸준히 연습해야 한다.

호흡법

호흡법은 불안감을 감소시키는 데 아주 중요한 기술이다. 호흡은 긴장 완화와 밀접하다.

호흡법은 결과가 바로 나타난다. 그러나 수개월에 걸쳐서 지속적으로 훈련해야 깊은 효과를 볼 수 있다.

호흡법에는 많은 방법이 있다. 폐 안으로 공기가 들어오고 빠져나가는 것을 천천히 느끼며 집중하는 것부터 한쪽 콧구멍으로 숨을 들이마시고 반대쪽 콧구멍으로 숨을 내쉬는 아주 복잡한 방법까지 존재한다.

복식호흡은 많이 사용되는 대표적인 호흡법으로, 다른 호흡법의 기초가 된다. 이것은 우리가 호흡할 때 가슴 근육보다 횡격막을 사용하기 때문이다. 복식호흡법은 몇 주 동안 하루에 최소한 5~10분 정도 연습해야 효과를 볼 수 있다.

다양한 공간에서 다양한 자세로

긴장 완화법과 호흡법 연습은 따로 할 수도 있고, 함께할 수도 있다. 가능한 한 함께하는 것이 더 효율적이다.

긴장 완화법과 호흡법 연습은 다양한 공간에서 다양한 자세로 하는 것이 좋다. 고요한 곳에서만 연습하다 보면 긴장되는, 꼭 필요한 상황에서 정작 그것을 활용하지 못할 수도 있다.

흔한 오해 중 하나는 매일 20분 정도 긴장 완화법과 호흡법 연습을 하면 항상 편안한 상태를 유지할 수 있다는 것이다. 아주 잘못된 착각이다. 우리가 긴장한 순간, 긴장한 장소에서 바로 긴장 완화법과 호흡법을 적용하려면 많은 연습이 필요하다. 앉아 있을 때, 서 있을 때, 걸으면서, 버스 안에서, 전철 안에서 시간이

날 때마다 호흡 운동을 하는 것이 좋다. 남들이 잘 눈치채지 못하는 것이라 어디에서나 실천할 수 있다는 게 장점이다.

에필로그

말한다고
해치지 않습니다

    지금까지 이야기한 자기주장 기술들은 일반적인 상황을 전제로 한다. 각 상황에서 조금씩 그 기술들을 응용하면 거의 모든 상황에서 활용할 수 있을 것이다. 하지만 부부 관계 같은 특수한 상황에서만 들어맞는 기술들도 있다. 자기주장에 대한 지식이 전혀 없는 사람에게도 그만의 힘든 일을 겪어 내게 할 구체적인 세부 기술이 필요할 수도 있다. 어쨌든 어려운 상황들을 헤쳐 나가는 데 도움을 주는 특화된 기술을 배우는 것은 항상 옳다. 여기서는 부부 관계에 적용하면 좋을 기술들을 소개한다.

많은 부부가 서로 소통하지 못해 힘겨워하고 있다. 공격적인 행동 혹은 순종적인 행동은 상대방이 부적절하게 반응하게 만든다. 그 결과 서로 감정적인 불균형 상태에 이르게 된다.

부부 관계를 지탱하는 가장 큰 기둥이 바로 대화다. 대화할 때 자기주장 행동이 가장 분명하게 나타난다. 많은 부부가 소통을 잘하기 위한 적절한 기술과 전략을 가지고 있지 못하며 이 사실을 알게 되는 순간 다들 깜짝 놀란다. 이런 상태는 때때로 '의욕 없음', '동기 부여가 부족함', '이해심이 없음'으로 해석되기도 한다.

앞서 말했지만 전통적인 교육에서는 자기주장을 하는 법에 대해서는 별로 가르치지 않는다. 그래서 많은 사람이 자신이 신뢰하고 있는 배우자에게 자신의 감정과 부탁 등을 정확히 표현하는 방법을 모른다.

부부간에 흔히 저지르는 실수 중 하나가 자신들 관계에서 부족한 것이 무엇인지, 자신이 배우자에게 바라는 것이 무엇인지 배우자가 알아맞히기를 바란다는 것이다. 사랑한다면 상대방의 모든 것을 알아야 한다고 믿어서다. 그렇지 않을 경우엔 진실한 사랑이 아니라고 믿는다. 그러나 인지 치료 창시자 아론 벡 Aron Temkin Beck 이 《사랑만으로는 살 수 없다 Love is never enough 》에서 말한 것처럼 우리는 대화하지 않고 사랑만으로는 살 수 없다.

부부는 서로에게 부탁하고 싶거나 바라는 것, 그리고 사랑받고 싶은 마음을 말해야 한다. 그리고 상대방이 충분히 이해할 수 있는 형태로 그에 대해 응답해 주어야 한다. 상대방이 말하지 않아도 자신의 생각을 간파하리라 바라는 것은 그를 초월적인 존재로 보는 것이나 다름없다.

우리는 올바른 애정 관계를 맺기 위해 필요한 기본적인 의사소통 원칙이 무엇인지 잘 알고 있다. 그런데 그 원칙이 너무 뻔해서 종종 망각하는 것 같다. 배우자와 함께 자기주장 행동을 교정하려면 다음의 기본 원칙들을 다시 살펴볼 필요가 있다.

1. 요구하기보다는 부탁하는 것이 적절하다. 부탁은 상대방을 존중하게 해 주고 의사소통의 질을 향상시킨다. 같은 내용이라도 어떻게 말하느냐에 따라 아주 다르게 들린다. "우리 대화하는 동안에는 TV를 끄면 어떨까?", "난 우리가 대화할 때는 TV를 껐으면 좋겠어!"

2. 비난하기보다는 질문하는 것이 좋다. 비난은 방어 본능을 일으킬 뿐이고 아무 효과도 없다. 똑같은 의미지만 다르게 받아들여진다. "내 말 듣고 있어요?", "당신 또 내 말 안 듣고 있지?!"

3. 상대방을 비판할 때에는 그 사람의 행동을 비판해야 한다. 그 사람의 성격을 비판하지는 마라. 상대방에게 꼬리표를 붙

여 주는 것은 상대방을 변화시키는 데 전혀 도움이 되지 않는다. 오히려 그의 방어만 강화할 뿐이다. 예를 들면 이런 말이 성격을 은근히 공격하는 것이다. "쓰레기 버리는 것을 또 잊어버렸네. 당신은 정말 어쩔 수 없는 사람이야." 행동만 나무라는 말은 다음과 같다. "쓰레기 버리는 걸 또 잊어버렸네. 당신 요즘 자주 잊어버리는 것 같아."

4. 의사소통을 하지 않은 채 부정적인 감정을 쌓아 두지 마라. 파괴적인 적대감을 일으키는 폭탄이 될 수 있다.

5. 한 번에 한 가지 문제만 다뤄라. 한 문제에서 다른 문제로 도약하지 마라. 배우자가 시간 약속을 지키지 않았을 때, 그걸 빌미로 정신이 없다느니, 잘 잊어버린다느니, 사랑이 변했다느니 등으로 곁가지를 쳐 나가지 말라는 것이다.

6. 일반화를 피하라. '항상', '절대로' 같은 용어는 올바르게 사용되는 경우가 드물고 꼬리표를 달기 쉽다. 다음의 문장을 보고 뉘앙스가 얼마나 다른지 보라. "최근 들어 당신 부쩍 정신이 없는 것 같아.", "당신은 항상 정신이 없는 것 같아."

7. 배우자에게 과하게 솔직하지 마라. 특히 결과가 긍정적이지 않을 수 있을 때는 말하기 전에 충분히 심사숙고해야 한다. "최근에 당신에 대한 내 감정이 많이 식은 것 같아. 아직도 당신을 좋아하는지 잘 모르겠어." 이 말은 아주 솔직한 것일 수 있다. 하지만 배우자에게 찬물을 끼얹기 전에 깊이 생각해야

한다. 그 감정이 일시적인 것일 수도 있으니까. 만약 그렇지 않더라도 그런 말을 할 기회는 많다.

8. 언어적 의사소통은 비언어적인 의사소통과 일치해야 한다. "당신 사랑하는 거 알잖아." 이 말을 귀찮다는 표정으로 한다면 그 말을 하지 않은 상황보다 더 나빠질 수도 있다.

많은 사람은 위 원칙들을 읽으며 생각할 것이다. '근데 이걸 어떻게 실천해?' 하지만 부부라면 그 방법들을 알 필요가 있다. 바로 그 방법들에서 '자기주장 기술'이 제 몫을 톡톡히 해낼 것이다. 어떻게 적용할 수 있는지 보자.

더 나은 부부 관계를 위한 기술들

자기주장을 잘하는 사람은 배우자와 함께 다음의 기술을 발전시킬 수 있을 것이다.

보상하기

여기서 보상은 언어적 측면과 물질적 측면 모두를 말한다. 누구라도 좋아할 만한 것이 아니라 배우자가 특별히 좋아하는 것을 찾아 보상하라.

고마운 마음 표현하기

대체로 배우자가 자신에게 잘해 주는 것을 당연시한다. 그래서 감사한 마음을 표현하지 않곤 한다. 하지만 자신이 기뻐하는 모습을 배우자에게 보여 주면 배우자는 다시 그런 일을 할 수 있는 원동력을 얻게 된다. 또한 두 사람이 바람직한 길로 걸어가고 있음도 확인하게 된다.

보상 요청하기

보통 배우자에게 보상을 요청하는 것을 어색해한다. 배우자가 원하는 것을 알아서 해 주리라 믿는다. 앞에서도 말했듯이 아무리 사랑에 빠져 있어도 상대방이 좋아하는 모든 것을 알 수는 없다. 원하는 것을 요청한다고 해서 자신의 가치가 낮아진다고 생각하면 안 된다. 배우자에게 무엇을 얼마나 원하는지 표현하라.

부정적인 감정 표현하기

부부 사이에도 슬픔, 분노, 불편함, 좌절감 등의 감정을 이야기하는 것이 필요하다. 다만 그것을 자기주장의 형식으로 해야 한다. 그리고 그때 표현이 싸움이나 비난의 형태로 끝나지 않도록 하려면 다음과 같이 해야 한다.

- 갈등 문제를 짐작하지 말고 직접 말해라.

- 시간이 지나서 이야기하면 상대방이 무슨 일인지 이해하지 못할 수 있다. 그 순간에 바로 이야기해라.
- 피해자처럼 말하지 말고 능동적으로 말해라. "당신은 내가 이렇게 느끼도록 만드는데…"라고 말하지 말고 "나는 이렇게 느끼는데…"라고 말해라. 실제로 내가 느낀 것을 '나' 중심으로 말하라.
- 비난하지 말고 부부간에 서로 해야 할 행동을 찾아라. "당신은 마치 나를 당신의 노예처럼 생각하는 것 같아, 너무하네"라고 말하는 대신에 "내가 집안일을 하는 동안에 당신은 TV를 보고 있는데, 이건 참 불공평한 것 같아"라고 말해.
- 행동을 바꾸길 부탁하거나 행동을 바꿀 수 있는 해결책을 제시해라. 마지막 순간에는 반드시 토론해야 한다. 배우자는 내가 부탁하는 것을 어떻게 수행할지 모를 수도 있다.

긍정적인 감정 표현하기

어떤 경우든 배우자와 얘기를 나눌 때는 다음과 같은 비언어적 요소들이 필요하다.

- 시선을 맞춘다.
- 공격적이지 않되, 갈등 상황에 적합한 확실하고 설득력 있는 어조로 말한다.

- 분명하게 들을 수 있게 목소리 크기를 조절한다.
- 손과 팔을 적절히 활용한다.

특히 배우자에게 감사나 만족감을 표현할 때 다음과 같은 비언어적 요소들을 잊어서는 안 된다.

- 시선을 맞춘다.
- 따뜻하고 온화한 어조로 말한다.
- 분명하게 들을 수 있는 크기로 말한다.
- 미소를 지으며 안아 주는 등의 스킨십도 한다.

배우자 행동 때문에 긍정적인 감정을 갖게 되었을 때는 다음처럼 하면 좋다.

- 칭찬하거나 감사를 표현한다.
- 자신이 어떤 감정을 갖게 되었는지 충분히 표현한다.
- 긍정적인 반응으로 보상한다.

이 외에도 중요한 비언어적 요소가 있다. 바로 '공감'이다. 불행하게도 '공감'은 부부 사이에서 좀처럼 보기 힘든 행동 중 하나다. 상대방 처지에 서서 그의 관점으로 문제를 바라보는 것이 필요하다. 가끔은 서로의 역할을 바꿈으로써 상대방이 자기 일을 어떻게 보는지 확인해 보는 것도 좋다. 스킨십도 매우 중요하다. 스킨십은 세월이 흐를수록 점점 더 하지 않게 되는데, 관계 유지와 개선을 위해 긴요한 요소다. 물론 성관계만을 말하는 건 아니다.

예상치 못한 적대감이나 가라앉은 기분에 직면하기

결혼 생활이 항상 장밋빛이지는 않다. 때때로 부부들은 피곤함, 우울함, 분노의 상태에 있기도 한다. 그 경우 배우자와 전혀 상관없는 일인데도 배우자에게 자신의 우울하거나 화난 감정을 쏟아붓는다. 이런 상황에서 자기주장을 잘하는 사람은 다음의 두 가지 방식으로 대응할 수 있다.

• 자기주장 반복하기

배우자와 사이가 나쁘지 않은 사람은 상대의 분노를 그대로 받아들이지 않거나 분노의 일부만 받아들인다. 이것을 무시 혹은 반복해서 말하기 기술이라고 한다. 다음의 경우가 그 예다. "당신 기분 나쁘다고 해서 오늘 밤을 망치고 싶지는 않아.", "당신 기분이 나쁜 건 나하고는 상관없는 일이야."

• 공감하기

상대방 처지에 서서 공감해 준 후, 문제 원인을 생각하게 유도해 준다. "당신, 오늘 밤 무척 화나 있는 것 같아. 하지만 그건 내가 아니라 다른 사람 때문에 생긴 거지, 그렇지 않아?"

다음의 예를 살펴보자.

후안은 오늘따라 아내가 기운이 없어 보인다고 느꼈다. 꽤 오랫동안 아내에게 긍정적인 말을 하지 않았다는 사실을 떠올린다. 자신이 얼마나 아내에게 감사해하고 있는지 말해야겠다고 결심한다. 둘이 편안하게 보내는 저녁 시간을 선택한다. 텔레비전을 끄고 이 순간이 얼마나 중요한지 암시하며 아내에게 말한다.

라우라, 우리 요즘 일 얘기만 하고 정작 우리 얘기는 못한 거 같아. 내가 회사에서 피곤한 몸으로 집에 돌아왔을 때 당신이 맛있는 저녁을 준비해 놓은 걸 보면 이걸 하느라 얼마나 애썼을까 하고 생각해. 그럴 때면 당신이 더 가깝게 느껴져. 회사에서 일할 때도 당신 생각 많이 해. 바로 집으로 돌아와 당신한테 그날 일들을 말하고 싶을 때도 있어. 우리 앞으로 외출 더 자주 하자. 이번 일요일 아침에 당신이 좋아하는 그 카페 갈까?

라우라는 후안이 회사 동료들과 한잔하느라 너무 늦게 들어오는 게 불만이다. 자기주장을 할 줄 아는 그녀는 후안에게 다음과 같이 자신의 감정을 표현한다.

응, 그래. 후안 나도 당신한테 할 말 있어. 퇴근 후 친구들과 술 한 잔하면서 기분 풀고 싶은 마음은 이해해. 여러 번 당신 입장을 헤 아렸고, 충분히 이해해. 하지만 애써 준비해 놓은 음식이 식어 가는 걸 바라보면서 당신을 기다리고 있는 내 입장도 생각해 줬으면 좋겠어. 가끔은 내가 바보 같다는 생각이 들어. 솔직히 매일 술 마시는 건 너무하다고 생각해. 이제 이 문제를 서로에게 도움이 되는 방향으로 해결해야 하지 않을까? 늦게 들어오는 날을 정해 말해 주거나 갑작스러운 일로 늦어지면 그때도 미리 말을 해 주면 어떨까? 그럼 내가 저녁 준비를 안 해도 되잖아. 당신 생각은 어때?

비판을 입에 달고 사는 배우자에게 대응하는 법

배우자가 별 이유 없이 공격적으로 자신을 비판한다면 어떻게 해야 할까? 비판이 타당하든 아니든 그런 상황에 대응할 확실한 전략을 쥐고 있지 않다면, 그런 상황이 반복될 수 있어 문제다. 이런 상황에서는 다음의 것들을 유념하면서 자기주장을 펼쳐야 한다.

• 먼저 자신이 비판받고 있는지 아닌지를 객관적이고 정확하

게 해석할 수 있어야 한다. 진짜로 비판을 받고 있는지 아니면 당신 내부의 비이성적인 신념이 현실을 왜곡시켜 사실은 비판이 아닌데 비판이라고 오해할 수도 있으니까. 얼마나 많은 순수한 농담이 끔찍한 비판으로 오해받는지를 떠올려 보라!

• 악의 있는 비판인지(이 경우에는 자기주장을 명확히 하면서 방어해야 한다), 건설적인 비판인지(배우자 지적이 옳다면 그에 어떻게 응답할지를 생각해야 한다) 판단할 수 있어야 한다.

• 비판에 대응할 때 가장 중요한 것이 어조다. 비판하는 사람이 공격당한다는 느낌을 받아서는 안 된다. 만약 그렇게 되면 대화는 논쟁으로 흘러가거나 서로 맹렬히 공격하는 양상을 띠어 좋지 못한 결과를 얻게 된다. 비판에 대응하는 어조는 중립적이고 명료해야 한다.

비판에 대응하는 데 긴요한 일반적인 전략은 다음과 같다.

• 비판이 정당하다고 생각되지만, 계속 말하고 싶지 않을 때(매우 집요한 비평가들이 있다!)

− 인정하기(당신이 옳다)
− 반복하기(~ 그렇게 해야 했는데)
− 설명하기(왜 안 했냐면…)

절대 과하게 변명할 필요는 없다. 지나친 설명은 불안감의 표시다. 설명은 한 번으로 충분하다.

- 상대방을 내 편으로 만들고 싶다면 이렇게 질문해라.

"그럼, 내가 뭘 하면 좋을까?"

- 명확하게 요구하되, 애매하고 부정적인 답변은 수용하지 마라.

상대방 "나는 당신이 ~하는 게 싫어."
당사자 "좋아, 그럼, 정확히 내가 어떻게 했으면 좋겠어?"

- 상대방이 다른 상황이나 당신의 성격으로까지 그 비판 내용을 일반화하는 것을 절대 허용하지 말자.
- 자기주장의 동의 기술을 활용하라.

"그래, 내가 ~해야 했지만 그렇다고 해서 내가 ~라는 뜻은 아니야."

혹은 안개 전략을 사용해서 그럴 수 있다고 생각하는 것만 동의해 주고 나머지는 언급도 하지 않는다.

상대방 "너무 조금 먹네. 몸 관리 잘 안 하면 몸에 문제 생겨."
당사자 "맞아, 내가 좀 조금 먹는 걸 수도 있어."

위 대화는 상대방의 말에 전적으로 동의하는 게 아니라, 어떤 부분엔 동의하지 않음을 내비치면서 더는 토론하고 싶지 않다는 뜻도 보여 준다. 그래도 상대방이 계속 물고 늘어지면(종종 이런 유형의 답변이 잘 먹히지 않을 수 있다) 자기주장의 연기 기술을 활용하라. 즉 토론을 다음으로 미루는 것이다.

"이 얘기는 다음에 다시 하는 게 어때?"

서로 잘 부탁하는 법

이번에는 서로 부탁을 잘 못하는 부부에게 유용한 자기주장 기술을 알아보자.

일단은 평소에, 배우자에게 원하는 것이 무엇이고, 배우자가 어떻게 해 주기를 바라는지 등에 관해 생각해 두면 좋다. 본격적으로 부탁 기술을 살펴보자.

- 원하는 것을 정확히 밝혀라.

- 내 부탁은 ~하기 위해서야
- 내가 원하는 것은 ~
- 그것이 언제 필요하냐면 ~
- 그것이 어디서 필요하냐면 ~

- 얘기 나눌 때를 결정해라.

어떤 문제가 생겼을 때 그 문제에 관해 얘기 나눌 수 있는 적당한 때를 마냥 기다리면 안 된다. 영영 오지 않을 수도 있기 때문이다. 어느 시점에 상대방에게 할 말이 있다고 알리고, 얘기 나눌 시간을 함께 결정해라.

- '나'를 주어로 써라.

자신의 생각, 감정, 욕구 등을 부탁에 포함해라. "당신이 ~할 때 나는 ~라고 생각한다. 그래서 나는 ~하게 행동한다. 그러므로 나는 당신에게 ~을 부탁한다." 이 말은 원하는 것에 따라 다양하게 변주될 수 있다. 물론 감정을 너무 많이 표현하는 게 좋지 않은 경우도 있다. 반면 어떤 경우에는 풍부한 감정 표현이 이해하기 힘들 수 있는 말을 더 설득력 있게 전달할 수도 있다. 항상 명심해야 할 점은 절대 상대방을 공격하거나 원망하지 말아야 한다는 것이다. 이런 방식은 오직 방어하는 답변만 얻을 뿐이다.

- 항상 자신의 관점에 집중하라.

'나는 ~을 느낀다. 나는 ~라고 생각한다'에 집중하라. 상대방의 행동이나 의도를 해석하려 들지 마라.

- 잘못된 사례: "당신은 정말 게을러. 내가 바보처럼 걸레질하느라 난리를 치고 있는 동안에 느긋하게 TV나 보고 있잖아."
- 올바른 사례: "내가 걸레질하고 있을 때 TV 보고 있는 당신을 보면 당신 안중에 내가 없다는 인상을 받아. 그래서 내가 바보처럼 느껴져. 왜 당신은 나를 도와서 이 문제를 해결하지 않을까 그런 생각이 들어."

- 원하는 것은 한두 문장으로 표현해라.

자신이 원하는 것을 장황하지 않고 구체적이면서 짧게 설명해야 더 인상적으로 받아들인다.

- 상대방에게서 '협력'을 얻고 싶다면, 둘 모두에게 이득이 된다는 점을 강조하라.

상대방을 영 설득할 수 없을 때에는 협력하지 않을 경우 발생할 수 있는 부정적인 결과도 말해 줘라. 예를 들어 보자.

안토니오는 아내 에밀리에게 화가 나 있다. 에밀리가 청소 당번인데 지키지 않았기 때문이다. 에밀리는 항상 모든 것을 엉망인 채로 방치한다. 안토니오는 이 상황을 더는 견딜 수 없어 이 문제를 놓고 에밀리와 얘기 나누기로 한다.

먼저 안토니오는 얘기를 나눌 가장 적합한 시간을 정해야 한다. 에밀리가 집에 돌아오는 오후는 아니다. 그 시간에는 항상 피곤해하고 기분도 가라앉아 있기 때문이다. 아침도 좋진 않다. 자신은 늦게 일어나는 편이고, 아침엔 집중도 잘 안 돼 요구 사항을 잘 표현할 수 없기 때문이다. 가장 좋은 시간은 일요일 점심 식사 후다. 그때는 둘 다 커피를 마시면서 TV 앞에 있을 것이다.

안토니오는 거울 앞에서 말할 내용을 연습한다. 아내가 이따금 공격적인 모습으로 폭발해 약간 두렵기 때문이다. 또한 안토니오는 거북한 이야기를 잘 못 꺼낸다. 그래서 자신의 뜻을 애매하게 설명할 수도 있다. 거울 앞에서 연습한 덕분에 그는 이러한 점들을 극복할 수 있었다. 다음처럼 연습했다.

에밀리, 나 당신에게 하고 싶은 얘기가 있어. 퇴근해 집에 왔을 때 종종 집 안이 청소되어 있지 않고 침대도 엉망인 것을 발견하곤 해. 이 일들은 당신이 맡기로 한 거 기억나? 우리 집안일 분담했잖아, 나는 내가 맡은 일을 성실히 하고 있는데 당신은 안 한다면 불공평하게 느껴지고 기분도 나빠져. 우리 차분하게 얘기 나누면서 이 문제를 해결했으면 좋겠어. 당신이 원한다면 분담한 일을 다시 검토해 보고 당신이 원하는 일을 정했으면 좋겠어. 우리가 상황을 바꿀 수 있다면 더는 문제가 없을 거고 내 기분도 좋아질 거야. 만약 바뀌지 않는다면 더는 이렇게는 못 지낼 것 같아.

감정 표현이 서툰 부부에게

배우자에게 자신의 감정을 표현하는 일은 부탁하는 것만큼이나 중요하다. 놀랍게도 많은 사람이 감정 표현을 어려워한다. 자연스럽게 감정을 표현할 줄 아는 사람이야말로 건강한 자존감을 갖고 있는 사람이다. 이후에 설명할 간단한 기술들로 훈련하고 적용하면 적절하게 자신의 감정을 표현할 수 있게 될 것이다.

• 이렇게 시작되는 말에 익숙해지도록 해라.

"나는 ~하길 원해.", "난 ~을 하고 싶어.", "난 ~을 하고 싶지 않아.", "나는 ~라고 느꼈어."

일상적인 대화에서 이런 표현들을 익숙하게 사용할 수 있을 때까지 훈련하고 노력하자.

- 상대방 말의 기저에 깔린 의미나 감정을 확인하려고 노력하라.

"내가 ~ 말을 했을 때 당신을 비난한다고 느꼈어?"

- 혼란스러운 상황을 분명하게 하지 않은 채 넘어가지 마라.
배우자가 당신을 괴롭히고, 놀라게 한다면 왜 그러는지 이유를 반드시 물어라. 그 순간 당신이 기분 나쁘다는 표현을 하는 것이 나중에 상황을 되돌아보고 곱씹으며 괴로워하는 것보다 훨씬 더 낫다.

- 상대방에게 힘을 주는 말을 하는 데 익숙해져라.
배우자의 어떤 행동이 마음에 들면 그렇다고 표현해라. 감사하면 감사하다고 말해라. 긍정의 말이 부정의 말보다 표현하기는 훨씬 편하다.

- 논쟁하다 폭발할 수도 있으니 그렇게 되지 않기 위해 다음과 같은 문장을 암기해 두자.

"나는 화가 나 있다. 왜냐하면⋯."

"나는 ~할 수 있다면 좋겠다."

• 감정 표현이 힘들다면, 감정을 표현할 때 자신의 몸짓에 집중

하는 것도 좋다.

말할 때 지금 나는 어떤 톤으로 말하고 있나?, 어떻게 호흡하

고 있나(말하기 전에 매번 심호흡을 하면 말하기가 한결 쉬워질 것이

다)?, 어떤 자세로 서 있고 손은 어떻게 하고 있나? 등을 생각

하면서 편안한 상태를 유지하려고 노력해라. 이렇게 외적인

행동에 집중하다 보면 해야 할 말에 너무 얽매이지 않게 된다.

그 덕분에 더 적절하게 말할 수 있다.

• 자신의 욕구, 소망, 권리 그리고 다양한 상황이 자신에게 어떤

영향을 미치는지 잘 알고 있어야 한다.

지나치게 배우자를 비난하거나 혹은 자기 연민에 빠지는 것

은 좋지 않다. 지나친 비난이나 자기 연민은 자신의 감정을

가려 배우자가 나의 마음을 잘못 해석하게 한다.

옮긴이 유아가다

한국외국어대학교 통번역대학원에서 스페인어를 전공했다. 스페인과 중남미의 좋은 그림책들을 우리나라에 소개하고 옮기는 일을 하고 있다. 우리나라의 좋은 그림책들을 스페인어로 번역해 스페인과 중남미에 알리기도 한다. 《독재자 프랑코》, 《두려움과 용기의 학습》, 《얼음 왕국 이야기》, 《마르케스》, 《눈을 감고 느끼는 색깔여행》, 《두려움을 먹는 기계》, 《1등이 아니어도 괜찮아》 등을 우리말로 옮겼고, 《조그만 발명가》, 《두 사람》, 《과학자가 되는 과학적인 비결》, 《지하 정원》 등을 스페인어로 옮겼다.

할 말은 하면서 무시당하지 않는 기술

초판 1쇄 발행　2019년 2월 15일
초판 2쇄 발행　2020년 7월 3일

지은이　　　올가 카스타녜르
옮긴이　　　유아가다

펴낸곳　　　(주)행성비
펴낸이　　　임태주

책임편집　　박강민
디자인　　　이유나

출판등록번호　제313-2010-208호
주소　　　　경기도 파주시 문발로 119 모퉁이돌 303호
대표전화　　031-8071-5913
팩스　　　　0505-115-5917
이메일　　　hangseongb@naver.com
홈페이지　　www.planetb.co.kr

ISBN 979-11-87525-90-5 03190

행성B는 독자 여러분의 참신한 기획 아이디어와 독창적인 원고를 기다리고 있습니다.
hangseongb@naver.com으로 보내 주시면 소중하게 검토하겠습니다.